AF358554

**Edición:** Primera, octubre de 2020
**ISBN:** 978-84-18095-54-2
**Depósito Legal:** M-25448-2020
**Código IBIC:** JNA [Filosofía y teoría de la educación], CFA [Filosofía del lenguaje]
**Código Thema:** JNA [Filosofía y teoría de la educación], CFA [Filosofía del lenguaje]
**Lugar de impresión:** Barcelona, España / Buenos Aires, Argentina
**Diseño:** Gerardo Miño
**Composición:** Eduardo Rosende

© 2020, Miño y Dávila srl / Miño y Dávila editores sl

**Dirección postal:** Tacuarí 540 (C1071AAL), Ciudad de Buenos Aires, Argentina
c/López de Hoyos 15 (28006), Madrid, España
**Teléfono de contacto:** (54 11) 4331-1565
**Correo electrónico:** info@minoydavila.com
**Página web:** www.minoydavila.com
**Redes sociales:** @MyDeditores, www.facebook.com/MinoyDavila

*Fernando Bárcena, Maximiliano Valerio López
y Jorge Larrosa (organizadores)*

# ELOGIO DEL ESTUDIO

Fernando Bárcena

Jorge Larrosa

Diego Tatián

Maximiliano Valerio López

Caroline Jaques Cubas

Karen Christine Rechia

Jan Masschelein

# ÍNDICE


Prólogo: Del *Elogio del estudio*
*(Carlos Skliar)* ............................................................ 9

Meditación sobre la vida estudiosa
*(Fernando Bárcena)* ...................................................... 25

Aprender / Estudiar una lengua
*(Jorge Larrosa)* .......................................................... 69

El estudio como cuidado del mundo
*(Diego Tatián)* ........................................................... 99

Del ocio al estudio: sobre el cultivo y la transmisión
de un arte
*(Maximiliano Valerio López)* ........................................ 119

Sobre formas de hacer: el estudio y el oficio de profesor
*(Caroline J. Cubas y Karen C. Rechia)* ............................. 143

Algunas notas sobre la universidad como *Studium*.
Un lugar de estudio público colectivo
*(Jan Masschelein)* ....................................................... 175

Epílogo
*(Jorge Larrosa)* ......................................................... 203

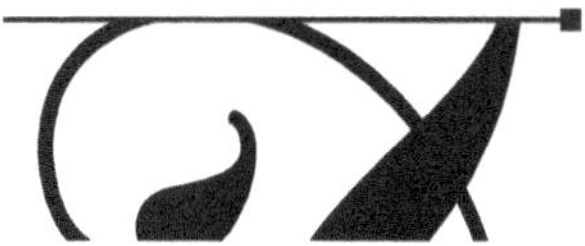

# DEL *ELOGIO DEL ESTUDIO*

*Carlos Skliar*

Permítaseme un recuerdo o quizá dos, para iniciar esta presentación del *Elogio del estudio*.

Hace más de quince años Jorge Larrosa presentaba en el Brasil un libro curioso –por su diseño, por la forma de su escritura, porque era bilingüe, porque era poético, porque parecía más bien un libro-objeto para la niñez– cuyo título era *Estudar/Estudiar* (Auténtica, 2003).

Recuerdo entonces la perplejidad que causó en cierto ambiente la afirmación de esta palabra en el título, ya puesta en entredicho por el embate de quienes preferían dejarla de lado para dar paso a la poderosa palabra *Aprender*, o por considerarla una expresión algo desusada que remitía a un pasado ciertamente borrascoso, o bien por su supuesta impronta de obligatoriedad y de autoritarismo.

Quienes no habían leído el libro –ni lo leerían después– parecían despreciarlo solo por el enojo que les producía la simple mención del estudio, del estudiar, y por su centralidad en la narración, como si esa palabra, por sí misma, creara una zozobra sobre el ya tembloroso lenguaje de la educación e insistiera en no desaparecer porque sí y tan rápidamente.

Quienes sí leímos el libro –y todavía lo hacemos– fuimos partícipes de un debate enmarañado de preguntas interminables que, a juzgar por el libro que aquí presentaré, aún perduran en nosotros: ¿qué pasa al estudiar? ¿Qué hay del estudiar que es, a la vez, leer y escribir? ¿Qué hace un estudiante? ¿Qué hay del silencio, del callarse, del tiempo, del espacio, de los libros, de la conversación sobre lo que se lee, de las preguntas, de la atención, de la fidelidad y de la infidelidad durante el estudio? ¿Qué hace un profesor para estudiar y para que los estudiantes, de hecho, estudien?

Entre las páginas de aquel libro recuerdo un dibujo que me había llamado poderosamente la atención y solo ahora, mientras esbozo esta introducción, puedo comprender su por qué. Se trata de la imagen de un joven que, apoyando sus manos en una mesa, mira a través de un microscopio un libro, dando la sensación de un estudio detallado, concentrado, de una forma de lectura atenta, sin exterioridad. Por entonces la imagen me había parecido muy precisa por el modo peculiar de mezclar la idea de arte –el arte del leer– y la idea de técnica o ciencia –de los modos de mirar, de hacer– con que se componía, así, la escena compleja del estudiar.

Aquello que ahora llama mi atención sobre esa imagen del *Estudiar* es el recuerdo más cercano de una obra que admiré hace poco tiempo en la exposición *Autorretrato de otro* de Tetsuya Ishida en Madrid.

Se trata de la pintura *Mebae* –Despertar– realizada en 1998, que retrata el interior de un colegio donde algunos estudiantes sentados en sus pupitres miran hacia el frente, asistiendo a una lección del profesor, dueños o presos de una atención absoluta, con libros y cuadernos y lápices y bolígrafos entre sus manos. La cuestión es que al menos dos de los estudiantes han perdido su fisonomía humana y han adoptado, ellos mismos, la forma de microscopios.

La transformación, o la mutación, es impresionante y de por sí elocuente: ese par de estudiantes se han vuelto máquinas –como así lo hace la muestra del pintor japonés, también con los operarios de las fábricas que mutan hacia un engranaje que no permite distinguir lo humano del artefacto o que los confunde de una vez–, transformando la idea de estudiar o de estudiante en una figura tortuosa y mortífera, despojada de cuerpo y, por así decirlo, de espíritu.

Es cierto que la obra de Ishida anticipa, artísticamente, los cambios epocales que vienen aconteciendo desde hace tiempo y que recién ahora parecen encontrar su retórica conceptual, como la expresión de una batalla de lo humano contra su propia deshumanización, contra su mutación o asimilación en máquina, ese gesto desesperado y desesperante de la agonía humana frente a los desconcertantes y brutales mecanismos del capitalismo impiadoso.

El otro es, sin rodeos, un hombre-caja, un individuo confinado, impedido de tomar decisiones, una pieza incluso fragmentaria de un engranaje fatídico, y es también el hombre roto, aquella figura que preanunció Foucault en *Nietzsche, la Genealogía, la Historia.*

Lo humano se ha transformado en un proceso de objetualización más de una larga serie de cosificaciones, ya no parece haber diferenciación entre las cosas pues el humano es una cosa más, está allí incluido; lo humano formaría parte ni más ni menos que de la serie de objetos-cosas que son fabricados impiadosamente en un orden de automatización absoluto. Así, nada parece diferenciar lo humano de lo fabricado, de tal modo que en la obra de Ishida Tetsuya el cuerpo del otro es la parte del objeto que hace funcionar la pieza, o es aquello que permite que el objeto ponga en marcha el mecanismo, o es, directamente, la pieza o el mecanismo en sí.

Si comento con cierto detalle este doble recuerdo es porque creo encontrar allí la tensión dolorosa y definitiva sobre la que el *Elogio del estudio* toma sus decisiones y elabora sus puntos de vista comunes y colectivos. Un elogio que es tanto una alabanza como un temor por una pérdida o una derrota, el volver sobre los propios pasos con firmeza y también como un gesto de melancolía, el deseo de que ciertas cosas –como el estudio, el estudiar, el estudiante– no desaparezcan en el revoltijo de las mareas de esta época o que, al menos, no sea ya y definitivamente una pieza de museo.

## 1. De la imagen del estudiar

Una imagen precisa pero, por cierto, algo desteñida: alguien de edad incierta, alguien del común, alguien que es cualquiera, se encuentra en medio de una sala o de una habitación estrecha, con una iluminación acentuada cuyo foco apunta hacia un escritorio, se disemina quizá hacia un libro y hacia un cuaderno, junto con lápices o tinta, agua o café o té humeantes, sin que nada o nadie parezca interrumpir, cerca de una ventana entrecerrada, y más allá una biblioteca, algunas ropas desperdigadas, el resto de la escena nulo o ausente.

El así llamado o visto como estudiante, el individuo que estudia, está reconcentrado, absorto, suspendido en el tiempo, habitante de una interioridad que no se sabe bien qué es aunque existe, posada su mirada en detención sobre un fragmento de ardua comprensión, buscando alternativamente otros párrafos para dilucidar el anterior, o quizá con un gesto de estupor intentando escudriñar si alguna palabra alrededor le ofrece los indicios necesarios para seguir adelante o tener que volver atrás una y otra vez hasta que su contracción le indique que su cuerpo ya está de nuevo en el presente del texto.

Quien estudia, aplicado en esa imagen anacrónica, parece estar ausente y a la vez prestando una atención que desde fuera parece tensa, excesiva, como si el mundo o cierta parte del mundo hubiese dejado de existir y otro mundo o cierta porción de otro mundo se hiciese presente de un modo revelador o al menos esencial; preocupado solo por una razón a todas luces ínfima pero trascendental: dar una determinada forma a un asunto hasta aquí informe, alojarlo en su interior, saberlo en el sentido de ser transformado por algún signo cuya intuición precedente era todavía parca o abismal y que poco a poco, lentamente, como si hubiera todo el tiempo por delante o el tiempo no existiese como tal, o fuese otro tiempo.

La iconografía del estudio, del estudiar y de quien estudia es bien conocida, insistentemente repetida en la historia de la filosofía y en las representaciones de las artes, y hasta hace poco no tenía rivalidad a la vista. Difícilmente se puedan encontrar imágenes disímiles a las que eran habituales por la sencilla razón que su sentido más ancestral era reconocible en su apariencia, necesario bajo la forma de la actividad o tarea e incluso en cierto modo celebratorio o virtuoso. Podría ser, sí, tildada de individualista, de cierto privilegio y hasta de ser una imagen de lo particular o de lo privado –confundiéndola tal vez con la privacidad–, pero incontestable en su fisonomía espacial y temporal: un individuo volcado corporalmente hacia un ejercicio –de la lectura, de la escritura, de la atención, del pensamiento, de la voz– que se sustrae o se suspende o se distancia de otra ocupación inmediata, que desconoce las consecuencias utilitarias y futuras de su acto en vigencia, y que busca y rebusca una probable traslación hacia un mundo de fronteras por principio ilimitadas.

Algunas sutilezas pueden hallarse en medio de esta repetición de la imagen en cuestión, al apreciar con atención algunas pinturas que ilustran la gestualidad tipificada del estudiar. Por ejemplo en «Dama estudiando» de Ethel Leach, como en «Tito estudiando» de Rembrandt, tanto cuanto en «Agonía de la creación» de Leonid Pasternak –por mencionar solo algunos ejemplos– se advierte que en la realización del ejercicio siempre una mano sostiene la cabeza y otra mano se aferra al objeto portante del texto o la escritura; la circunspección es evidente, la férrea tensión también lo es, y no hay ninguna diferencia en los elementos que componen la ejercitación: es la mesa como apoyo, es el cuerpo como sostén, son los libros como presencia del mundo, es la escritura como registro particular o singular.

La escena, así tipificada, está aliada a la detención del tiempo y a la configuración del espacio en cuanto retiro o refugio, a una atmósfera de silencio y de poca luminosidad, a la soledad, al esfuerzo o al devaneo, emparentando de una forma nítida la idea de estudio con la de lectura en una cierta sincronía con aquello que Hugo de San Víctor pensó para su *Didascalicon* –en la Baja Edad Media, en el año 1130– en cuanto movimientos espirituales del ejercicio de lector: *meditatio, circunspectio, soliloquium, ascentio.*

La generalización de aquella imagen pictórica reconocible podría a lo sumo quitar al individuo que estudia de su ambiente particular y conducirlo hacia otros lugares igualmente habituales: las bibliotecas, los *estudios* fuera del hogar particular, las aulas de los colegios y de las universidades, sin que se afecte esencialmente el carácter peculiar de su tiempo y su espacio.

Para la concreción de una escena material del estudio también sería posible acudir a un cierto recorrido novelístico de finales de siglo XIX y durante todo el siglo XX que, aunque en parte diferente a las imágenes anteriores pues se desplaza mucho más hacia las figuras extremas del profesor o del estudiante –y de sus siempre cambiantes y conflictivas relaciones– logra concentrarse sobre todo en una máxima formativa ancestral y todavía presente en un tiempo no muy lejano ni distante: aquella de educar y de educarse como una travesía en el mundo y el aprendizaje del arte de vivir.

El estudiar aparece en esta literatura, así, no tanto como un ejercicio a ser celebrado por sí mismo, sino como un telón de fondo, algo desdibujado o menos nítido, pero igualmente trascendental, en torno de una crítica más amplia a los sistemas educativos y sus instituciones. Ejemplos más reconocidos son, entre muchas otras, las novelas *Tiempos difíciles* de Charles Dickens (1854), *Pigmalión* de George Bernard Shaw (1913), *La montaña mágica* de Thomas Mann (1924), *El guardián entre el centeno* de J. D. Salinger (1951), *Stoner* de John Williams (1965), *El país de agua* de Jonhatan Swift (1992), *Nunca me abandones* de Kazuo Ishiguro (2005), etcétera.

## 2. Para una filosofía del estudio

Cierta tradición filosófica sugiere que el ejercicio del estudiar puede y debe comprenderse como una forma de vida, como un estilo peculiar del vivir y de relación con el mundo. En ese sentido se reelabora la etimología de la palabra y se recupera el gesto ancestral del ejercicio del estudio identificándolo con el surgimiento de la *Scholè* griega y de la noción de un tiempo liberado –pero no exactamente ocioso– que presta atención a ciertos asuntos, de un cierto modo, en ciertos espacios.

Los autores y autoras reunidos en este libro (Jan Masschelein, Maximiliano López, Karen Rechia, Caroline Cubas, Jorge Larrosa, Fernando Bárcena y Diego Tatián) coinciden en pensar el estudio a través de una serie de principios filosóficos en cierto modo esenciales e irreductibles: el estudiar como ejercicio, la diferenciación radical entre estudiar y aprender, estudiar como cuidado del mundo y como cuidarse del mundo, estudiar como algo que parece haber sucumbido o haberse perdido, estudiar como refugio o como apartarse o como retiro –*irse* a estudiar–, estudiar como atención a lo particular, estudiar como asombro o como estupor, la no finalidad o lo no productivo del estudiar, la filiación del estudiar con el leer, escribir, pensar y escuchar, la acción interminable del estudiar, el estudio como una orientación hacia el mundo –y no hacia el profesor o hacia el alumno, ni hacia la enseñanza o al aprendizaje–, la disposición de tiempo para el estudio, y la relación ya mencionada un poco antes entre estudiar y el tiempo libre –pero no el trabajo.

En el entramado de los capítulos hay una tarea común de pensar la escuela y el estudio a partir de sus significados griegos y latinos, quizá con el afán –necesario e imprescindible– de hacer durar ciertos sentidos hoy desplazados por los lenguajes especializados, tecnocráticos o atrofiados de poder. Así Escuela proviene del griego σχολή que en sus orígenes connotaba, de hecho, tiempo libre o vacación, pero también descanso, ocio, paz, tranquilidad, suspensión, detención; el verbo que corresponde al sustantivo en cuestión era σχολάζω que denotaba también la acción de estar desocupado, ocioso, con disposición de tiempo o de tener tiempo o de estar libre, dedicarse o consagrar el tiempo. La escuela, así, era el sitio donde las personas disponían de tiempo para la formación, liberados de la urgencia y de la preocupación más coyuntural o inmediata de la vida. En asociación con estas expresiones el término estudio y estudiar provienen del latín, *studium,* es decir: afán, afición o empeño, pero además desvelo o afecto por algo, por alguien, una disposición espiritual y corporal realizada libremente.

De la concienzuda tarea etimológica podrían surgir varias ideas sobre la afinidad entre el estudiar y la escuela: no aparece en ningún caso la asociación tan actual y estrecha entre estudio, tarea, esfuerzo, trabajo, y hasta sería impensable encontrar algún vínculo de significado entre el gesto de estudiar y el de la ocupación en cuanto acción a disgusto –recordemos, pues, aquella máxima latina: *"non studio, sed officio"* que alude a la contradicción flagrante entre la afición o afecto y el deber. Pero tampoco supone la desvinculación absoluta entre el estudio y el empeño, en tanto el verbo *studeo* suponía la dedicación con afán a algo y una cierta forma de la disciplina –cuyo origen puede encontrarse en el verbo *disceo*, un término que incluye tintes y tonalidades de conocimiento, arte, ciencia.

Y tal como afirma Jan Masschelein en este libro, fue la idea de estudio la que permitió, también, el desprendimiento de la noción del aprendizaje individual hacia la vida pedagógica común: «Y fue la noción de estudio la que más se usó para indicar la "vida pedagógica" que se desarrolló dentro del espacio de estas asociaciones. Por lo tanto, estas asociaciones no se referían solo a prácticas de iniciación o socialización en grupos sociales, culturales, vocacionales o religiosos particulares y no se referían a actividades de aprendizaje individual. Las universidades eran una nueva forma de *scholè*, de estudio público colectivo (*studii* es el genitivo singular de *studium*)».

Además, esa forma de vivir o estilo de vida aludido procede de una particular relación entre las formas del tiempo liberado y ocupado, haciendo del estudio una acción, un ejercicio, que pone en juego o evidencia atributos o virtudes desusadas a la vista de la época actual, a las que considera inclusive enemigas para la materialización ya no de un individuo aplicado al estudio sino más bien abocado al éxito, a la auto-superación y la salvación personal.

Aunque retomaré esta cuestión un poco más adelante, esos atributos negados y puestos bajo sospecha relativos al estudio serían: la suspensión, el distanciamiento, el ponerse entre paréntesis, la soledad, el silencio, la lectura *inútil*, la escritura de creación, cierta parsimonia o serenidad, el pensamiento y el conocimiento no lucrativos, la relevancia del *porque sí* y la indiferencia hacia el *para qué*.

Como se aprecia, todos esos atributos ponen en evidencia la intensa discusión entre escuela, estudio y trabajo o, para decirlo más directamente, la voluntad aciaga de transformar y asimilar al estudiante en una figura de trabajador futuro. Ya no se estudiaría en los términos del ejercicio y de la atención en espacios disponibles de tiempo libre sino, como hacen entender las políticas y prácticas actuales, en el desarrollo de habilidades y competencias para adecuarse a las exigencias del mercado y, por lo tanto, la gratuidad y el desinterés darían paso al lucro, al beneficio y a la productividad. Ya no es cuestión, como se expresa cabalmente en el libro, por ejemplo, de estudiar una lengua –o de un arte, o de un oficio– sino de aprenderla en su sentido más utilitario. Y ya no se trata del estudio en sí, por sí mismo, sino en un medio donde lo que cuenta, literalmente, son sus consecuencias, sus finalidades.

Sobre la relación entre escuela y tiempo libre, así comenta Maximiliano López en este libro: «La escuela, en su forma originaria, es un dispositivo capaz de transformar el ocio en estudio, no en trabajo, sino en estudio. La escuela que el neoliberalismo propone, por el contrario, pretende transformar el estudio en aprendizaje (o en investigación) y, el propio aprendizaje, en trabajo y consumo, despojándolo así de su carácter ocioso. De, esta manera también se retira de la escuela su carácter común, ya que se hace de ella un medio para una apropiación privada».

Resuena aquí, con notable fuerza, el discurso de Paul Lafargue sobre *El derecho a la pereza* (1880, 1882), esto es: si la ocupación por el trabajo y la reducción del tiempo de la existencia a la tarea fabril no prohíbe de hecho las virtudes más formativas de lo humano. De hecho, Lafargue provoca un debate intenso acerca de la oposición histórica y radical entre tiempo libre y tiempo del trabajo.

Como bien se sabe en la Grecia Clásica era corriente calificar el tiempo libre como fundamentalmente contemplativo y creador, liberado y sin ninguna referencia al trabajo, tiempo desocupado de toda y cualquier tarea o responsabilidad ciudadanas, en fin, una temporalidad sin otra finalidad que el cultivar el arte de la vida, la soledad, el silencio y el pensamiento. El ideal griego de *Scholè* poco o nada tendría que ver, por lo tanto, con el dejar de hacer o el no hacer nada, pues su significado indica decididamente una cesación, un gesto de detención, de parar.

Quizá lo que valga la pena retratar aquí es esa suerte de separación entre el ideal de vida –el tiempo libre como un fin en sí mismo, según Aristóteles– y el ideal de mundo o, para mejor decir, de una división entre la libertad vital y la esclavitud laboral, entendida como una suerte de estratificación social según la cual algunos gozarían del tiempo liberado y otros no. En todos los casos *Scholè* nos sugiere, como ya dicho, un tiempo formativo, por ello pedagógico, y de allí su proximidad y resonancia con el término *Escuela*.

Algunos autores, que también estudian y emplean el término de modo similar, lo escriben como *Scholè*; resumidamente, en Pardo (2004) resuena una noción bourdiana de la *scholè* donde no solo es considerada como tiempo libre sino también como ocio, como distancia respecto a la urgencia y a la necesidad, como ausencia de apuestas vitales. Por otra parte, Rancière (2007) parece entender la *scholè* como la condición de la gente que tiene tiempo libre, de los que son iguales en tanto lo tienen y consagran eventualmente este privilegio social al amable placer del estudio, de allí distingue entre «hombres de *scholè*» y «hombres de necesidad», entre los que pueden y los que no pueden pagar el lujo de lo simbólico: de este modo, la escuela moderna sería la heredera paradójica de la *scholè* aristocrática que igualaría a aquellos que acoge menos por la universalidad de su saber o sus efectos de redistribución social que por su forma consistente en la separación respecto de la vida productiva.

De todas maneras, si para los griegos el tiempo libre ignora o no se relaciona con el tiempo de trabajo y se afirma como ejercicio del pensamiento, emparentándose con la filosofía y el arte –un tipo de vínculo que las sucesivas civilizaciones fueron resignando casi por completo–, la idea de ocio latina-romana posterior se difunde mucho más bajo la forma de recreo y diversión –una práctica que refiere a la recuperación por el esfuerzo del trabajo y que todavía permanece vigente entre nosotros, aunque no exactamente del mismo modo.

Por último, habría que insistir aún más en la distinción entre estudiar y aprender, o entre estudio y aprendizaje pues, como señala en este libro Jorge Larrosa: «De ahí que la distinción entre estudio y aprendizaje sea fundamental tanto para la definición misma de educación como para cualquier consideración acerca de las funciones (o los efectos) de la escuela».

Una educación y una escuela centrada en el aprendizaje, o que se transforma literalmente en un ambiente de aprendizajes no solo no se separa o distingue del mundo tal como el mundo insiste ser en esta época –en su apariencia competitiva e individualista– sino que además lo angosta hasta convertirlo en una máquina que emite señales por doquier, desde ninguna parte y hacia nadie. Ese ambiente de aprendizaje no es otra cosa que un espacio sideral que pone a disposición información audiovisual y textual y que hace de esa disponibilidad un sinónimo curioso de conocimiento. Así pareciera ser que aquello que está disponible es aquello que se conoce, reabsorbiendo lo existente en cognoscente.

Pero, además, hay otra consecuencia quizá más dramática en la conversación de la educación y la escuela en ambientes de aprendizaje, pero no de estudio; se trata de la confusión –o contradicción, u oposición– entre una cierta experiencia de libertad que deriva de la noción de tiempo libre para el estudiar y la exigencia de rendimiento que proviene de la idea del aprender. Así lo comenta Fernando Bárcena en este libro: «En el contexto del discurso de la "sociedad del aprendizaje" sin duda se pueden aprender muchas cosas, pero sin necesidad de haberlas estudiado con atención y demoradamente, en el sentido en que estoy considerando aquí la palabra "estudio". Al menos en lo que se refiere a las instituciones de educación, nuestra época se siente orgullosa de nociones tales como "aprendizaje" (y otras, como "aprender a aprender", "aprender a lo largo de toda la vida", "emprendedurismo"), pero vuelve impensable la palabra *estudio*».

Para recuperar la idea de salir al mundo, para poder realizar esa travesía que es la educación, para no hacer de la educación únicamente la obtención de un individuo exitoso, emprendedor, obsesionado con el aprender pero no con el estudiar, la noción de estudio podría ser entendida como una forma de cuidado, tal como lo comenta Diego Tatián en este libro: «Cuidado entonces como protección de lo que está bajo amenaza por fragilidad, también como memoria de lo que efectivamente se perdió y como preservación de la pregunta por lo que difiere, o llega de otra parte. Pero también sería necesario indagar el sentido subjetivo del genitivo: *cuidado* del mundo. Mundo como algo que cuidar y, a la vez, como algo de lo que tener cuidado. Quizá un elogio del estudio debería mantener juntos ambos sentidos».

## 3. De la época y del estudio

¿Es posible pensar que la imagen del estudio, del estudiante, del estudiar se encuentra, ahora, fuera de foco? ¿Qué está siendo reemplazada por otras figuras y formas quizá equivalentes, o quizá completamente diferentes? ¿Que el estudio es un gesto en vías de extinción más allá de sus excepciones? ¿O que el estudio, que el estudiante, que el estudiar constituyen, justamente la absoluta excepción a la apariencia de la época?

Es posible agregar aquí mismo la pregunta por el profesor, o por la relación entre las figuras del profesor y la del estudio. De este modo lo plantean, en este libro, Karen Rechia y Caroline Cubas: «Son varios, podemos afirmar, los gestos del oficio que marcan el cuerpo y constituyen lo que es ser profesor. Tales gestos y modos de hacer son comúnmente formados en el recorrido, a través de la práctica, de los recuerdos, de las inspiraciones, de los saberes provenientes de la lectura y de la experiencia. No pueden ser reivindicados, por lo tanto, como conocimientos específicos de un área u otra y tampoco pueden ser transpuestos. Sin embargo, son característicos de un oficio. Indispensables, ordinarios y, a menudo, imperceptibles».

Si la imagen del estudio se encuentra desteñida o averiada o, directamente, abolida, también la del profesor, la de su oficio en el sentido apenas mencionado, parece formar parte de una tradición a la que se mira con sospecha y negligencia. Y todo ello forma parte de la materia con la que se ha deshecho buena parte de la historia y de la materia, huidiza, con la que se ha construido la idea de individuo –que afecta tanto al estudiante como al profesor– en esta época de aceleración e innovación.

Como he planteado en otro trabajo (Skliar, 2019) lo opuesto a aquella máxima de salir al mundo e iniciarse en el difícil e interminable arte de vivir se resume en la imagen del hámster que gira incesantemente en su rueda, enjaulado, sin ir hacia ningún sitio, sin desplazarse hacia ninguna parte, movido por el reflejo absoluto de la aceleración continua, incapaz de detenerse, de mirar hacia los lados, de preguntarse nada.

La aceleración o la velocidad por sí mismas son el motivo que inspira a un raro entramado de profesionales a crear una fuente inagotable de ideas sobre el sujeto actual, sobre el tiempo que vivimos y sobre cómo adaptarnos a todo ello bajo una atmósfera de curiosa y contradictoria felicidad. Y es esa aceleración del tiempo, la aceleración humana del hámster, la que se vuelve metáfora cruda, casi despojada de atributos, una metáfora literal si se nos permite la expresión contradictoria: la prisa, la urgencia, la ocupación frenética del tiempo, son apenas detalles de una aceleración que se nos presenta como el remedio a la mala pereza y a la maldita pérdida y disposición del tiempo, pues lo que vale, lo que tiene valor es la aceleración por sí misma (Concheiro, 2016).

Un tiempo voraz que indica, desde la niñez misma, el imperativo de una rapidez hacia un estado de supuesta realización auto-personal, condenada al esfuerzo y al sacrificio, aunque matizada siempre con una extraña sonrisa congelada, igualmente obligatoria.

La vida privada se acelera hacia el éxito prometido en su misma auto-gestión empresarial y fenece frente a las exhortaciones ambiguas de sus mandamases: el individuo aferrado a la aceleración del mundo siente que todo es posible –todo es comunicable–, que puede hacerlo todo si se lo propusiera –y si no se lo propone retrocede al mecanismo de la des-realización, pero por su propia culpa–, que no hay límites, que el mundo está aquí y ahora en el presente fantasmagórico de una pantalla pero, al mismo tiempo, es receptor de mandatos contradictorios, impracticables, imposibles incluso bajo la forma de una práctica sofística.

La expresión *24/7*, acuñada por Jonathan Crary (2015) –veinticuatro horas por día, los siete días de la semana; todo el tiempo despiertos, activos, consumidores, comunicantes, al interior o exterior de espacios, individuos o máquinas, o de espacios, individuos y máquinas), puede servirnos para pensar lo que quisiéramos describir aquí.

Se trata de una temporalidad absoluta, sin piedad con los débiles o los frágiles, en la cual todo reposo o descanso se vuelve superfluo o, para mejor decir, inconveniente. No hace falta dormir y ni siquiera es apropiado soñar. La línea habitual que distinguía con nitidez el tiempo alternado entre el trabajo y el no-trabajo se diluye hasta desaparecer. El trabajo lo es todo, siempre, no tiene límites.

La temporalidad 24/7 ya no puede considerarse, simplemente, como una experiencia falaz sino más bien, de forma directa e implacable, impracticable e imposible. No se trata solo de una de las tantas imposiciones en que se describe y fuerza nuestra percepción del tiempo: también es una manera de despreciarlo, de borrar sus insuficiencias y fragilidades, de negar su carácter borroso y su naturaleza finita; anula, de una vez, todo aquello que dio paso a las formas de vida cultural a lo largo de los siglos, la alternancia del trabajo y el tiempo libre o, si se prefiere, la alternancia de la vigilia y el sueño.

Tampoco dicha temporalidad puede comprenderse bajo el análisis corriente y ya tipificado del capitalismo, en cuanto cambio o simulación de cambio a partir de permanentes procesos de novedad, esto es, de la innovación infinita de lo nuevo. Hay algo más en ella, todavía, que muta y transforma profundamente las relaciones de control y de poder sobre los individuos.

Pues pareciera ser que la desaceleración ya no es suficiente. Tampoco una cierta lentitud complaciente sería la respuesta. Ni siquiera el rechazo a la prisa en términos de confrontación u oposición aportando la militancia de otro tiempo de prisa. Porque la desaceleración es una utopía vacía, cansada y exhausta, un límite que tiene que ver más bien con los ciclos de vida y no con los avatares coyunturales del mundo. La lentitud se arroga a sí misma un ritmo menor pero siempre al interior de la misma trayectoria, siguiendo idéntico camino; porque responder con prisa es una vociferación mediática que no hace más que duplicar el abismo.

La única rebelión que pareciera ser capaz de quitarse de la aceleración sería, tal vez, el salirse del tiempo, del tiempo utilitario, el quitarse de la agonía impracticable de la auto-realización para crear, así, infinitos instantes de *otro tiempo*, un tiempo en apariencia inútil, sin provecho, un tiempo porque sí, para nada, un tiempo detenido, sin la apariencia ni la apetencia por las novedades; una filosofía del instante como esa rebelión práctica a la que hace referencia Luciano Concheiro: «Para escabullirse de la velocidad hay que aventurarse a enfrentar el tiempo mismo: detener su curso. Esto sólo puede lograrse mediante el instante, una experiencia que consiste en la suspensión del flujo temporal. El instante es un no-tiempo: un parpadeo durante el cual sentimos que los minutos y las horas no transcurren. Es un tiempo fuera del tiempo» (Concheiro, 2016, p. 14).

Para estudiar, entonces, para un *Elogio del estudio*, pues, habría que salirse del tiempo y hacerlo tomando en cuenta esos recuerdos iniciales, contando con las palabras de Jorge Larrosa que en *Estudar/Estudiar* escribe que: «El estudio sólo puede surgir en el lugar en el que las respuestas no saturan las preguntas sino que son, ellas mismas, preguntas. Allí donde las palabras no cubren el silencio sino que son, ellas mismas, silencio».

## Referencias bibliográficas

CONCHEIRO, L. (2016). *Contra el tiempo. Filosofía práctica del instante*. Barcelona: Anagrama.

CRARY, J. (2015). *24/7*. Barcelona: Ariel.

LAFARGUE, P. (2011). *El derecho a la pereza*. Madrid: Ediciones Maia.

LARROSA, J. (2003). *Estudar/Estudiar*. Belo Horizonte: Autêntica.

PARDO, J. L. (2004). *La regla del juego. Sobre la dificultad de aprender filosofía*. Barcelona: Galaxia Gutenberg.

RANCIÈRE, J. (2007). *En los bordes de lo político*. Buenos Aires: La Cebra.

SKLIAR, C. (2019). *Como un tren sobre el abismo. O contra toda esta prisa*. Madrid: Vaso Roto.

# UNO

# MEDITACIÓN SOBRE LA VIDA ESTUDIOSA

*Fernando Bárcena*

*«Solo en la independencia de las cosas, como en
el silencio de las pasiones, es posible estudiar»
(Senancour, 2010, p. 90).*

La consumación de la lectura, decía Hugo de San Víctor en su *Didascalicon de studio legendi* –normalmente traducido como «El afán por el estudio»– es la *meditatio*. La lectura, les decía a los monjes a quienes instruía, compromete el cuerpo entero, y es una forma de vida. En la meditación –que no era, en ese mundo monacal, un mero ejercicio intelectual– se degusta, se saborea y se personaliza el texto leído. Hugo de San Víctor recoge la tradición griega y cita explícitamente el «conócete a ti mismo» (*gnothi seauton*) que recorrerá toda la tradición antigua. Leer, en el seno de dicha tradición, constituía un verdadero trabajo del espíritu en el que el lector se libera de las preocupaciones cotidianas y se repliega sobre sí –leyendo tan deliberadamente como el libro fue compuesto– para meditar con serenidad, permitiendo que los textos hablen por y desde ellos mismos. Lo que Hugo pide al lector, como escribirá Ivan Illich en *El viñedo del texto,* su comentario del libro de este monje agustino del siglo XII, es «que se exponga a la luz que emana de la página […] de tal modo que pueda identificarse a sí mismo, reconocer su yo» (Illich, 2002, p. 33).

El texto que el lector tiene en sus manos es, de alguna forma también, el resultado de una personal e íntima degustación prolongada en el tiempo de algunas obras filosóficas y literarias acerca de la vida estudiosa. Pretendo ofrecer en él una meditación sobre el estudio considerado como una forma de vida. Hablaré del estudio (*studium*) como algo que se hace y como un lugar (un espacio, el cuarto o gabinete de estudio) donde se hace ese algo.

Los estudiosos pueden serlo en el ámbito de las «letras» como en el de las «ciencias» (si bien la antigua República de las Letras remitía a ambas). El lector voraz y el humanista, tanto como el científico en su laboratorio, o el naturalista; el pintor y el escultor; el músico, el novelista o el poeta, el artista, en fin, todos ellos *pueden ser*, en el sentido que quiero considerar aquí, estudiosos, por el particular estado de ánimo que les recorre. Pero por lo que se refiere a mis consideraciones en este texto, siempre que hable del estudio, del estudioso, o cuando me refiera a la vida estudiosa, tendré en cuenta a ese profesor que busca transmitir en el aula lo ganado por él o ella en su actividad y a través de una forma de vida estudiosa: alguien que lee y toma notas en sus cuadernos, y que dedica un tiempo a la *vita contemplativa*. Y quiero deliberadamente defender esta expresión en un tiempo poco proclive a la contemplación.

El modo en que voy a tratar esa vida estudiosa le debe mucho a la antigua tradición grecolatina que entendía la actividad filosófica como un «ejercicio espiritual», como un «arte de vivir» (Pierre Hadot, 2001 y 2006; Foucault, 2001, 2008, 2009 y 2014; Greish, 2005; Nehamas, 2005; Pavie, 2012; Pérez Cortés, 2004), o como un «cuidado de sí». En su curso del Collège de France *Hermenéutica del sujeto*, Foucault decía que si la filosofía es la forma de pensamiento que se interroga acerca de lo que permite al sujeto tener acceso a la verdad, la «espiritualidad» no sería sino «la búsqueda, la práctica, la experiencia por las cuales el sujeto efectúa en sí mismo las transformaciones necesarias para tener acceso a la verdad» (Foucault, 2001, p. 16). En la vida estudiosa también se operan transformaciones en el sujeto mientras estudia. La tradición antigua, que puso el énfasis en la importancia de este «cuidado de sí» (*epimeleia heautou*), frente al «conocimiento de sí» (*gnothi seauton*) –en la preeminencia, finalmente olvidada por la modernidad, del «momento socrático» (que pone el acento en la transformación de uno mismo), frente al «momento cartesiano» (que pone el acento en el conocimiento)– lo que viene a sugerirnos es que lo que los griegos denominaban «espiritualidad», dicho con Foucault: «[P]ostula que la verdad no se da al sujeto como un mero acto de conocimiento [...] Postula que es preciso que el sujeto se modifique, se transforme, se desplace, se convierta, en cierta medida y hasta cierto punto, en distinto de sí mismo para tener derecho de acceso a la verdad» (Foucault, 2001, p. 17). Acerca de la expresión *forma de vida*, Giorgio Agamben dice que «una vida que no puede separarse de su forma es una vida para la cual, en su modo de vivir, está en juego el vivir mismo» (Agamben, 2017, p. 233). Aplicada esta fórmula al caso del estudio, diremos que el estudioso, en su afán, hace de su actividad (el estudiar) un estilo de vida que configura su entera subjetividad como estudioso.

Entendida como algo que se hace, como una actividad, el estudio podría pensarse como una especie de «práctica», un poco en el sentido en que consideró este concepto Alasdair MacIntyre en *After Virtue*, es decir, una noción que «comprende las investigaciones de la física, la química, y la biología, el trabajo del historiador, la pintura y la música» (MacIntyre, 1987, p. 236). En estos y otros campos, sus «ejercitantes» –y empleo esta palabra con toda intención– se dedican de lleno a sus actividades con una especie de ánimo estudioso. Si bien cada una de estas prácticas están cobijadas en instituciones mayores que persiguen sus propios fines (ejemplaridad social, prestigio, poder, dinero), tales fines no tienen por qué coincidir con los fines o bienes de las prácticas que ellas mismas cobijan, y que son internos a las mismas actividades realizadas. Es participando de determinada manera en dichas actividades como sus ejercitantes alcanzan el bien de cierta clase de vida: «Esa vida puede que no constituya toda la vida para el pintor que lo es desde hace mucho, o puede serlo durante un período, absorbiéndole como a Gauguin, a expensas de casi todo lo demás» (MacIntyre, 1987, p. 236). Pero el asunto es que, como en este caso –en el que el pintor vive como pintor–, el estudioso, al ejercitar su actividad de determinada forma, vive su vida en tanto que estudioso (a veces también a expensas de todo lo demás), y teniendo que sostenerse a través de determinados gestos en una larga fatiga, como veremos después.

Ahora bien, estamos tan acostumbrados a pensar en el hacer humano «práctico» como la manifestación de una voluntad productora de un efecto concreto que hemos olvidado distinciones más precisas y tal vez interesantes, que los griegos nos legaron. Me interesa aquí recuperar, para pensar el estudio como actividad, la antigua noción de *poíesis*, que tiene en su centro «la pro-ducción hacia la presencia» (Agamben, 1998, p. 116). A diferencia del trabajo, cuyo presupuesto es la desnuda existencia biológica, el proceso cíclico del cuerpo humano cuyas energías dependen de los productos elementales del trabajo, como decía Arendt (2005), la experiencia de la *poíesis* construye el espacio de certeza y asegura tanto la libertad como la *duración* de la acción. Precisamente el estudio tiene que ver con la idea de la durabilidad del mundo, y con la presencia del sujeto estudioso en él, en su absoluta singularidad e intimidad.

## 1. Los estudiosos

*«Recógete en ti mismo todo lo que puedas;*
*relaciónate con quienes te harán mejor; recibe a*
*quienes tú puedas hacer mejores. Estas cosas se*
*hacen dando y recibiendo, y uno, mientras aprende,*
*enseña» (Séneca, 2018, VII-8-9).*

Me interesa destacar este aspecto íntimo de la vida estudiosa. «Íntimo» (del latín, *intimus*), es lo «muy» o lo «más interior». François Jullien señala que lo íntimo consiste en una experiencia que nos *retrae* de los otros y nos coloca en estrecha relación con nosotros mismos. En la experiencia de lo íntimo se quiebran las relaciones tradicionales del *adentro* y del *afuera*, ubicando al sujeto en un retiro a salvo de las miradas de los demás. Intimar con alguien, o con algo, sería abrir un espacio más profundo dentro de uno que permite la entrada de ese alguien o de ese algo: «No es virtud ni cualidad, no tiene determinación ni objetivo, en suma, […] no tiene fin» (Jullien, 2016, p. 26). Hablar de intimidad, por tanto, no es hablar de asuntos meramente privados, sino de *intensidades*. Se puede vivir sin intimidad, por supuesto, pero esto es así precisamente porque «la intimidad sólo es necesaria para disfrutar de la vida» (Pardo, 1996, p. 30). La intimidad, pues, no es meramente una suma de preferencias particulares, «sino su forma, es decir, su condición de posibilidad» (Pardo, 1996, p. 42).

Una figura, o expresión, de lo que estoy tratando de decir a propósito de esta intimidad estudiosa, pero que adopta un gesto de resistencia frente a un entorno hostil, la podemos encontrar en Penélope, tal y como nos lo cuenta Homero: «Por el día tejía en el telar la gran tela, y por las noches lo destejía, poniendo a su lado antorchas» (Homero, 2004, II, 105-107).

Penélope espera el regreso de Ulises y esa espera es ciertamente dolorosa. Penélope duerme constantemente; de este modo el tiempo corre más deprisa, y la visitan grandes ensueños que anuncian la salvación de Telémaco y el regreso de Ulises. Telémaco, sin padre, va en su busca, para que el orden y la ley retornen a la casa, infestada de los pretendientes de Penélope, que amenazan con arruinarlo todo. Cuando Ulises regrese, el castigo que recibirán será terrible.

Así vive Penélope: «Envuelta más que ningún otro personaje de la *Odisea* en sombras, en dulzura, en la tranquilidad y la incertidumbre de lo inconsciente» (Citati, 2008, 255). Mientras tanto, teje y desteje una tela extensa para su suegro Laertes, una obra maestra de engaño y artesanía. En esa espera, tejer y destejer hacen que el tiempo de la espera duela menos. Encerrada en su cárcel de Ítaca, Penélope teje y desteje: este es su gesto, su afán y su trabajo. La reina de Ítaca hace lo posible por mantener cada cosa en su lugar. *Insiste* (en su tejer) y *resiste* (en su afán, en su trabajo). Repite los mismos gestos una y otra vez. Su insistencia es admirable. Ni olvida (a Ulises) ni quiere olvidar. Conserva su memoria. En ese gesto suyo, Penélope resiste ante la fea presión de todo lo que viene de afuera. Necesita resistir porque ama a Ulises, y lo ama porque lo recuerda y lo recuerda porque ama; es amando como recuerda y es recordando como ama. Penélope, entristecida por la ausencia de Ulises, sufre y llora porque sin él se siente incompleta. Nada puede llenar esa terrible ausencia del amado. Sentirse incompleta hace de su existencia una errata de su propia historia, un vacío.

El trabajo de Penélope es una buena metáfora para pensar lo que significa dedicarse a una vida estudiosa, que hace y deshace constantemente lo mismo en el pensar, el leer y el escribir, y también en todo arte (música, pintura, escultura). Así se empleó, por ejemplo, para concebir la naturaleza del pensamiento, pues pensar es hacer y deshacer constantemente, insistir una y otra vez sobre lo ya pensado y en los mismos gestos. Pensar, decía Arendt, es «como la labor de Penélope, que cada mañana destejía lo que había hecho la noche anterior» (Arendt, 2002, p. 110). El poeta Paul Valéry, a quien Arendt cita en su libro, también escribió en uno de sus cuadernos: «Mi trabajo es de Penélope, este trabajo en estos cuadernos —pues se trata de salir del lenguaje corriente y de recaer en él, de salir del lenguaje —en general— es decir, del —camino, y de volver a él» (Valéry, 2007, p. 9).

Para Penélope, ese tejer y destejer es una estratagema, una astucia a la altura del amor que siente por el audaz Ulises. El estudioso también hace y deshace (en el pensamiento, la lectura, la escritura) constantemente, y parece que siempre está comenzando. Si el estudioso transmite después a sus perplejos estudiantes lo que ha estado haciendo en su cuarto de estudio, con toda probabilidad se dará cuenta de que ha de recomenzar todo de nuevo. Dicho así, parece un trabajo absurdo, un castigo; como el de un Sísifo condenado a empujar eternamente una roca hasta lo alto de una montaña, desde donde la piedra volverá a rodar cayendo por su propio peso: «Su trabajo es el de *Sísifo*, siempre recomenzando», dice William Marx (2009, p. 13). La imagen que acabo de ofrecer contrasta con el mundo de nuestros entornos sociales y educativos inmediatos. El estudio ha perdido ya su antigua importancia. El estudioso es una figura a contratiempo. Lo vemos entregado en cuerpo y alma a una interminable y fatigosa actividad cuyo final no se atisba, y que en absoluto es productiva. Mientras hace lo que hace, en ese aislamiento y soledad, como Sísifo subiendo su roca, es dueño de sus días. Es un héroe absurdo, ciertamente.

Con el auge de los nuevos medios electrónicos, el estudio, como actividad afanosa, ha perdido su misterio y su «aura». El estudio (actividad), asociada al espacio donde se estudia, no parece ya tener mucha relevancia como forma de vida universitaria que comparten estudiantes y profesores. Ese espacio fijo, siempre el mismo, no existe, o no parece ser ya necesitado. Hemos perdido la lectura atenta, el subrayado de los libros, los cuadernos de anotaciones y las lecturas y escrituras repetidas. El espacio físico del estudio ha perdido su preeminencia para las prácticas y los ejercicios que acompañan los trabajos del espíritu: «El actual productor de textos en pantalla ha dejado atrás la noción de un espacio físico, y ello para instalarse concentradamente en el dominio de lo virtual» (Flor y Escandell, 2014, p. 15). El siguiente fragmento de *Confesiones de un pequeño filósofo*, de Azorín, sin duda hoy nos resulta extraño:

> Lector: yo emborrono estas páginas en la pequeña biblioteca del Collado de Salinas. Quiero evocar mi vida. Es media noche; [...] Yo estoy sentado ante mi mesa; sobre ella hay puesto un velón con una redonda pantalla verde que hace

un círculo luminoso sobre el tablero y deja en una suave penumbra el resto de la sala. Los volúmenes reposan en sus armarios; apenas si en la oscuridad destacan los blancos rótulos que cada estante lleva –*Cervantes, Garcilaso, Gracián, Montaigne, Leopardi; Mariana, Vives, Taine, La Fontaine*–, a fin de que me sea más fácil recordarlos y pedir, estando ausente, un libro. Yo quiero evocar mi vida; en esta soledad, entre estos volúmenes, que tantas cosas me han revelado, en estas noches plácidas, solemnes, del verano. (Azorín, 2007, pp. 52-53).

Hay otras dos representaciones del estudio que me interesa recordar ahora. La primera es de 1593, y pertenece a la *Iconología* de Cesare Ripa:

Joven de pálido rostro vestido con modesto atuendo. Estará sentado sosteniendo un libro abierto con la siniestra, mirándolo atentamente, mientras con la diestra sujeta una pluma en actitud de escribir. A su lado se ha de poner un gallo y una luz encendida. Se pinta joven porque en dicha edad se suele ser más apto y resistente para las fatigas del estudio. Aparece pálido porque los estudios suelen extenuar y agotar el cuerpo [...] Viste ropas modestas, porque los estudiosos suelen atender con exclusividad a las cosas moderadas y sencillas. Y se pinta sentado, mostrando la quietud y asiduidad que el estudio requiere. La atención fija y volcada sobre el libro abierto, muestra cómo el estudio no consiste sino en una vehemente aplicación del ánimo al conocimiento de las cosas. La pluma que sostiene significa la operación y la intención que cuando se escribe se manifiesta de dejar memoria de sí mismo. La luz que mantiene encendida muestra que los estudios consumen más aceite que vino, Y en cuanto al gallo, muchos lo ponen por su solicitud y vigilancia, siendo ambas cosas convenientes y necesarias si de estudiar se trata. (Ripa, *Iconología*, 1996, pp. 386-87).

La segunda es de Comenius, y figura en *Orbis sensualium pictus*: «El estudio es el lugar donde el estudioso, separado de los demás, se sienta en soledad entregado a su afición mientras lee los libros, que abre sobre un atril cerca de él, y de ellos va tomando en su libreta lo mejor o en ellos hace anotaciones o señala al margen con un asterisco» (Comenius, 2018, p. 2015). La separación del mundo, la lectura y los libros, la libreta y las anotaciones son elementos que se mantienen en esta descripción de una obra del año 1658. La palidez del estudiante y la modestia de su vestimenta –símbolo de su alejamiento de las cosas del mundo–, su fatiga por el mucho estudiar, son manifestaciones, también, de cierto ánimo melancólico y de un esfuerzo incesante.

Cuando se publicó el segundo volumen de la *Historia de la sexualidad* («El uso de los placeres») de Michel Foucault, los que leyeron este libro se encontraron con un epígrafe en su *Introducción* titulado «Modificaciones», donde Foucault da cuenta de los cambios con los que se van a encontrar con respecto al primer volumen («La voluntad de saber») y la razón de ser de los mismos. En un momento determinado, dice:

> En cuanto a aquellos para quienes esforzarse y trabajar, comenzar y recomenzar, hacer intentos, equivocarse, retomando todo de nuevo de arriba abajo y encontrar el medio aún de dudar a cada paso, en cuanto a aquellos –digo– para quienes trabajar en silencio y en tensión equivale a dimisión, ellos y yo claramente no estamos en el mismo planeta. (Foucault, 2015, p. 743).

Paciencia, cierta modestia, atención, repetición, ejercitación, insistencia. Si podemos atribuir al estudioso este tipo de cualidades, esos gestos de volver constantemente al principio, esa constancia en rehacerlo todo, entonces, ciertamente el estudioso es un ser de lo más extraño en los tiempos que corren, donde todo va demasiado deprisa y no hay demora. Foucault refiere también allí las dificultades y los peligros de su empresa, y al señalar el hecho de tener que abordar documentos mal conocidos por él, en una nota al pie comenta esto otro:

No soy ni helenista ni latinista. Pero me pareció que, con la condición de aplicarse al trabajo, de ponerle paciencia, modestia y atención, era posible adquirir ante los textos de la Antigüedad griega y romana una familiaridad suficiente; me refiero a una familiaridad que permitiera, según una práctica sin duda constitutiva de la filosofía occidental, a la vez interrogar la diferencia que nos mantiene a distancia de un pensamiento en el que reconocemos el origen del nuestro y la proximidad que permanece a pesar de ese alejamiento que nosotros profundizamos sin cesar. (Foucault, 2015, p. 743).

Es precisamente este gesto el que deseo destacar como característico de una vida estudiosa. Se trata de una potencia (en el leer y el escribir, en el buscar y en el rebuscar) no del todo actualizada. Un ejemplo de ello es también Agamben —y se trata de otra figura del tipo estudioso que quiero considerar en estas páginas— cuya obra gira en torno a esa idea de la potencia, una meditación, que en su propia obra se cumple, sobre la potencia, entendida como el poder de hacer y de no hacer (Lewis, 2003). Al referirse a la actividad del filósofo, Agamben sugiere que siempre se arriesga a una «mutación antropológica [...] no menos decisiva de lo que fue para el primate la liberación de la mano en la posición erecta o para el reptil la transformación de las extremidades delanteras que lo convirtió en pájaro» (Agamben, 2008, p. 119). En este sentido, y entendida como búsqueda amorosa del saber (es eso mismo en lo que el estudioso se encuentra) el riesgo filosófico consiste en que «*da una forma nueva* al ser que se somete a su régimen: tiene, por lo tanto, la estructura de un *pasearse,* ya que genera efectos profundos en quien filosofa. *Dar forma,* en este sentido, es siempre *deformar*» (D'Hoest, 2015, p. 57). En suma, el estudioso, en vez de hacer de tal, simplemente lo es: se es estudioso como se es zapatero, o carpintero o médico: él o ella se confunden con aquello que realizan. Es algo muy parecido a lo que cuenta Maquiavelo en una carta (del 10 de diciembre de 1513) dirigida a su amigo Francesco Vettori. Le describe su día y, en un momento determinado, dice:

> Llegada la noche, me vuelvo a casa y entro en mi escritorio; en el umbral me quito la ropa de cada día, llena de barro y de lodo, y me pongo paños reales y curiales. Vestido decentemente entro en las antiguas cortes de los antiguos hombres, donde –recibido por ellos amistosamente– me nutro con aquel alimento que solo (*solum*) es mío y para el cual nací: no me avergüenzo de hablar con ellos y de preguntarles por la razón de sus acciones, y ellos con su humanidad me responden; durante cuatro horas no siento pesar alguno, me olvido de toda preocupación, no temo a la pobreza, no me da miedo la muerte: *me transfiero enteramente en ellos.* (Maquiavelo, 2009, p. 396. El subrayado es mío).

Pues bien, cuando digo «vida estudiosa», a lo que me refiero es a un particular modo de vida, a una «forma de vida» o a la «forma» que un tipo concreto de vida adopta. Al vivir, no solo estudiamos, por supuesto. Ya decía Ortega y Gasset (1974, p. 21), en la primera lección del curso *Unas lecciones de Metafísica*, que somos «estudiantes» como podemos ser otras muchas cosas, pero si lo somos, la mayor parte de las veces no es por una necesidad realmente sentida —auténtica, interior—, sino por una necesidad externa. Ortega, no obstante, supone la posibilidad de una menesterosidad que emerge de una curiosidad intrínseca, y que se vuelca en un cuidado, en una «preocupación». Ortega, en fin, no decreta, pese a todo, que no se estudie: «Estudiar y ser estudiante es siempre, y sobre todo hoy, una necesidad inexorable del hombre». Y eso porque «si una generación dejase de estudiar, la humanidad actual en sus nueve décimas partes moriría fulminantemente» (Ibid., p. 25).

El ser humano se realiza, o puede realizarse, como músico, como artista, como lector, como escritor. Hay una condición humana lectora y escritural como hay una *condición humana estudiosa*, que un ser individual descubre como algo nacido (y a menudo revelado) por vocación. Montaigne se hace en sus ensayos; Proust en su novela; el estudioso en sus lecturas y escrituras de anotaciones. Algunos interrogantes que podemos formularnos, a título meramente orientativo, serían los siguientes: ¿En qué consiste una vida estudiosa, una vida dedicada a estudiar? ¿Cuáles son los ritos del estudio, sus ritmos, sus modos, sus maneras y sus hábitos? ¿Cómo es el cuarto de estudio del estudioso? ¿Cómo se organiza el tiempo y los horarios? ¿Cómo son las noches de los estudiosos y cómo sus jornadas?

Estas preguntas remiten a un mundo ya inexistente. Pero nos permiten la crítica de un modo de vida —la del estudioso— que tal vez ignora sus propios privilegios. Siguiendo a Erwin Panofsky (2007), por ejemplo, Pierre Bourdieu cuestionó el *moralismo* de la razón escolástica, como él la denominaba, y que vincula con la burguesía y su forma de vida carente de preocupaciones materiales. Su crítica viene asociada a su rechazo del intelectualismo, a las pretensiones de una razón soberana y a la supuesta libertad del creador. En sus *Méditations pascaliennes*, Bourdieu manifiesta una actitud muy alejada del perfil del productor de conocimiento tradicional, como él lo denomina, recluido en su «torre de marfil» (Bourdieu, 2003, pp. 23 y sigs.), y ajeno a las condiciones sociales que le proporcionan los privilegios necesarios para poner en práctica su actividad. En definitiva, Bourdieu trata de desmontar de alguna manera esa mirada indiferente a contextos y fines prácticos de los ejercitantes en el tiempo libre u ocio estudioso propio de la *scholè*, cuya forma institucionalizada no sería sino la «escuela».

No sólo estudiamos; hacemos otras cosas y, sin embargo, la vida estudiosa hace que, en algunos individuos, sus vidas adopten cierta *intensidad*, cierta *intimidad*, un *ánimo* otro. Un estilo, una serie de hábitos, un *êthos*. Hay aquí un gesto inicial de renuncia del mundo. Se toman decisiones: qué hacer, cómo hacerlo, qué tipo de relaciones sociales se aceptarán o no mientras el estudioso se entrega a su faena, porque pueden ser sumamente distractoras. El estudioso, entonces, establece consigo mismo una especial relación de intimidad con lo que hace y con sus propios rituales y maneras estudiosas.

## 2. Del tiempo libre del estudio

*«En el concepto arquitectónico de estudio, se ha consolidado la íntima asociación entre la noción de ociosidad y la actividad de estudiar. El estudio, sobre todo para los solteros, se convirtió en una suerte de equivalente del boudoir» (Benjamin, 2005, p. 801).*

La emergencia de individuos enteramente dedicados a los trabajos del espíritu pareció fortalecerse mientras se extendían espacios y tiempos específicamente destinados a este tipo de artes del leer y el escribir (también el pensar o la *meditatio*). Habría que pensar si la misma Academia de Platón no nació precisamente como consecuencia de la necesidad de preservar a los filósofos para que pudieran dedicarse libremente y sin constreñimientos a sus afanes estudiosos sin que nadie les molestase burlándose de ellos. En el interior de esta comunidad de iguales el filósofo sentía que tenía una patria y un público.

El estudioso forma parte de esa cofradía de los letrados y humanistas misioneros que se lanzan a la búsqueda y a la copia de manuscritos de obras antiguas prácticamente ignoradas y olvidadas: «Cuando estoy en la soledad de mi gabinete –decía Guy Patin, un médico y hombre de letras francés, y profesor del Collège de France desde 1655–, me entrego a la compañía de los muertos, oigo mis libros» (citado por Fumaroli, 2013, p. 55). El hermoso libro de Stephen Greenblatt (2017) *El giro* ilustra muy bien ese carácter misionero y audaz de esos humanistas que, como Poggio Bracciolini (buscador de libros), iban a la caza y recuperación del legado del mundo antiguo, sentando así las bases de lo que vendría a denominarse después el «estudio de las humanidades». La cofradía de los letrados practica la «espiritualidad de la biblioteca», como la denomina Fumaroli: «La biblioteca-capilla-relicario donde, a voluntad, la voz de los «autores sagrados» de la Antigüedad puede ser invocada y evocada por su docto devoto, con vocación de convertirse en el templo para una cena entre letrados, que anula el tiempo, hace de su diálogo una evocación de los maestros antiguos devueltos a la presencia, y sumerge a los interlocutores en una felicidad (*voluptas, delectatio*) superior a todas las dichas terrenales» (Fumaroli, 2013, p. 58).

Con la consolidación y extensión de la Academia en Europa, pareció irse afianzando un sentido de la «escuela» entendida como un espacio destinado a cobijar a los maestros (sabios, eruditos, letrados, estudiosos) en sus ejercitaciones espirituales lectoras y escriturales, y cuya misión consistía en iniciar a los discípulos en un diálogo amable y cortés; como dice William Marx: «El principio fundador de toda Academia es el de la disputa cortés» (Marx, 2009, p. 142). La figura del estudioso emerge de una tradición que practica la conversación, el diálogo, la escritura y la lectura; es un ser que vive en compañía cordial con sus discípulos, con quienes establece comunidad de afectos y una especie de civilidad amparada en el mutuo cuidado y protección. Seres, pues, que «no pertenecen al orden de las cosas» (Marx, 2009, p. 11).

Decía Roland Barthes en su seminario *La preparación de la novela* que nunca se aburría cuando las personas hablaban «de los problemas de su oficio *cualquiera que sea*. Desgraciadamente, la mayor parte del tiempo se sienten obligados a limitarse a una *conversación general*» (Barthes, 2005, p. 58). En su seminario, Barthes habla del *oficio* al que desearía poder dedicarse (escribir una novela) y, desde luego, no habla en general. Y es que de algunas cosas no basta con hablar «en general». Una vida dedicada al estudio es una de esas cosas.

En algún momento de mi vida yo también comencé a sentir cierto placer en el estudio. Creo que fue en el momento en el que desligué el estudio de cualquier tipo de resultado práctico o inmediatamente útil. Me suponía una dicha difícil de explicar tanto leer como escribir en mis cuadernos de notas, pues para mí estudiar incluía ambos objetos: libros y cuadernos. Siendo ya profesor de universidad, la preparación de los materiales que deseaba llevar a mis clases respondía a un ritual estrictamente personal, y muchas veces maniático. Debía elegir con esmero los libros y los cuadernos –porque siempre escribí en cuadernos mis notas de clase– que deseaba llevar conmigo. Nunca teoricé esos gestos, como tampoco sobre eso que venía haciendo y tanto me gustaba: estudiar. Pero el tiempo pasó y se acumularon los años de lecturas y de enseñanza universitaria. Y un día se me reveló que lo que quería hacer, aparte de estudiar y escribir los ensayos que finalmente publiqué, era otra cosa. Quería escribir una novela, pero simplemente me vi incapaz de ponerme a la tarea. Y como el narrador proustiano, yo también dudaba de mis talentos literarios. Para tratar de entenderme a mí mismo, me puse a leer la gran obra de Proust y encontré en ella, al final de su periplo, un gesto que me llamó la atención de forma sorprendente, un gesto que, un poco después, intuí que era exactamente el mismo que define una vida estudiosa. Eso me calmó. Ciertamente no escribiría esa novela, pero a cambio pude consolarme escribiendo estas líneas sobre la vida estudiosa (que tal vez sean mi propia novela camuflada: lo que el lector está leyendo es tan solo una parte de algo que todavía me tiene ensimismado y exiliado). En el último volumen de *En busca del tiempo perdido,* leí yo ese gesto al que estoy aludiendo:

> Lo que yo debía escribir era otra cosa, más larga y para más de una persona: larga de escribir. De día, lo más que podría intentar sería dormir. Si trabajaba, no sería sino de noche, pero necesitaría muchas noches, tal vez cien, tal vez mil, y viviría con la ansiedad de no saber si el dueño de mi destino, menos indulgente que el sultán Sheriar, por la mañana, cuando interrumpiera mi relato, tendría a bien aplazar mi condena a muerte y me permitiría proseguir la noche siguiente. (Proust, 1989, IV. p. 620).

El tiempo del estudio es un tiempo libre. La diferencia entre tiempo libre y tiempo esclavo se encuentra en el diálogo de Platón *Teeteto*, donde Platón consagra filosóficamente la *scholè*. En un momento determinado, cuando la conversación parece haberse desviado de su rumbo inicial, Sócrates advierte a su interlocutor Teodoro que es mejor no seguir esa vía que se les ha abierto pues los llevaría muy lejos. Entonces, Teodoro, alarmado, pregunta: «¿Es que acaso no tenemos tiempo libre, Sócrates?» Esta pregunta obliga al maestro a referirse al tiempo esclavo de los que rondan por tribunales y lugares semejantes, «que parecen haber sido educados como criados, si los comparas con hombres libres, educados en la filosofía y en esta clase de preocupaciones» (Platón, 1988, 172d). Esta clase de hombres disfrutan del tiempo libre, y sus discursos los componen en paz y en un tiempo definido por el ocio: no les preocupa nada la extensión de sus razonamientos, sino solamente alcanzar la verdad. Los otros, en cambio, son esclavos de un tiempo medido: no pueden hablar de lo que desean porque están bajo presión. Deben alcanzar determinados resultados, y por eso a menudo se buscan sus atajos, «se vuelen violentos y sagaces, y saben cómo adular a su señor con palabras y seducirlo con obras. Pero, a cambio, hacen mezquinas sus almas y pierden toda rectitud. La esclavitud que han sufrido desde jóvenes les ha arrebatado la grandeza del alma, así como la honestidad y la libertad» (173a). Esos jóvenes, dice Sócrates, «llegan a la madurez sin nada sano en el pensamiento» (173b). Podríamos decir entonces que bajo la modalidad de un tiempo esclavo y medido el individuo carece de «carácter» (pues no ha tenido tiempo suficiente para formarlo debidamente, incluso puede tenerlo corrompido), y por eso necesita que le señalen un *método* de antemano; en el tiempo de los hombres libres, en cambio, sencillamente no se necesita que prescriban de antemano método alguno, por la simple razón de que ahí siempre, y sin saber cómo, ya se está *en camino*, aunque uno se pierda con frecuencia en su recorrido. El tiempo del filósofo –que es el que lleva una forma de vida orientada por cierta clase de *amor*–, es el que se demora largo tiempo en un mismo asunto, el que sabe esperar y no pasa rápidamente de una actividad a otra.

Ahora bien, ese tiempo es «libre» porque tales individuos pertenecen a un grupo en cierto modo «privilegiado», a una especie de aristocracia filosófica que se concede el poder dedicarse a los trabajos del espíritu al no tener que preocuparse de otras necesidades vitales mediante el trabajo o la labor (esto es lo que enoja, como vimos, a Bourdieu). Como el tiempo es de *ocio*, en realidad parece que lo que hacen es lo más parecido a una *fiesta* (incluso un juego, aunque muy «serio»), algo que tiene que ver con la relajación y la falta de esfuerzo (de esa clase de esfuerzo en que consiste trabajar o laborar). En el *mundo totalitario del trabajo* (de la producción) no hay lugar para la relajación, para ninguna clase de fiesta ni juegos, para un espacio inutilizado o inutilizable: en el trabajo, la fiesta es una especie de falso ocio, pues la relajación que en él se ofrece está destinada a reponer las fuerzas para seguir trabajando con ahínco al día siguiente. Dedicarse, en consecuencia, a una actividad estudiosa, tiene el extraño carácter «del mero lujo intelectual, incluso de algo verdaderamente intolerable e injustificable» (Pieper, 2017, pp. 71-71). Lo que hace el estudioso no es un trabajo, y su actividad parece *interminable.* ¿Acaso dedicarse a una vida estudiosa no nos hace acreedores del calificativo de «ociosos diletantes»? Podríamos preguntarnos, entonces, si en un contexto donde todo está organizado en torno al mundo totalitario del trabajo es posible ofrecer al sujeto un ámbito de actuación que no sea ya exclusivamente «trabajo» sino «ocio» (para que se ejercite en el tiempo de los hombres libres). Lo interesante del asunto consiste en disponerlo como ocio.

Encerrados con sus trabajos del espíritu en sus gabinetes de estudio, los estudiosos se afanan en su labor, de la que no pueden fácilmente desprenderse, porque están enteramente seducidos por lo que realizan. Parecen unos seres del todo privilegiados, pues disponen de suficiente tiempo libre para la contemplación, en vez de para la acción y la transformación de la realidad. Tal vez han abdicado de su compromiso político con el mundo. A menudo es esto mismo lo que se dijo de esa especie que forman los llamados «intelectuales» (no confundamos, sin embargo, al estudioso con el intelectual). Es un tema apasionante, que no podré tratar aquí como es debido. Así que me limitaré a decir, con Michel Wincock, que «más grande, más profundo, más duradero que los gritos de los panfletarios y los manifiestos, es el cotidiano trabajo de los intelectuales anónimos (sobre todo, como educadores), que me parece que debería reconocerse como el verdadero contrapoder, a la vez crítico y orgánico, en el seno de la sociedad democrática. La conciencia cívica, la negativa a creerse, en tanto persona o en tanto grupo, de otra pasta, la cooperación activa en el querer vivir juntos, en resumen, las bases éticas de nuestra sociedad imperfecta pero perfectible no son monopolio de algunos, sino un asunto de todos» (Wincock, 1999, p. 773).

Es facilísimo que el estudioso quede tan ensimismado en su quehacer que, pretendiendo comprender el mundo a través de su materia de estudio, termine por alejarse enteramente de él. El amor al saber y la pasión por las ideas –*amor intellectualis*– es fuente de vitalidad y, en medio de una guerra devastadora –como lo fue la segunda guerra mundial–, en ocasiones proporcionó calor a algunos, algún consuelo y cierto refugio. La enigmática voz del narrador de *Un amor clandestino*, la novela de Gilles Rozier (2006), nos cuenta, en una Francia ocupada, que lo único que sigue manteniendo más o menos vivo, en medio de todo ese horror, al anónimo personaje es el gabinete literario que se ha montado en el sótano de su casa, con obras de Lessing, Goethe, Schiller, Heine, Hesse, Wassermann y, sobre todo, de Thomas Mann, su predilecto. Este amor por la lectura tiene algo de prodigioso, ciertamente: podrá consolar al desesperado, pero no impedirá que alguien asesine a su hermano o denuncie a su vecino. Leer *Maurice*, de Forster, nunca logrará que acabemos con la homofobia, aunque tal vez consiga que alguien, un lector cualquiera, se replantee las razones que tiene, si es que las tiene, para despreciar a los homosexuales. Los partisanos del bosque de Wilno, en la novela *El bosque del odio* (*Una educación europea* fue su título en su primera edición), de Romain Gary, consiguen, dentro del refugio donde se ocultan, y mientras escuchan una polonesa de Chopin, oír «lo que de mejor hay en el hombre, como una confirmación: durante más de una hora, aquellos hombres fatigados, heridos, hambrientos, acosados, celebraban así su fe, confinados en una dignidad que ninguna fealdad, ningún crimen podría mermar» (Gary, 2009, p. 59). No siempre ocurre así, claro. Primo Levi dijo haber logrado olvidarse por unos instantes del campo de Auschwitz en el que se encontraba recluido mientras trataba de traducir al francés unos versos de la *Comedia* de Dante, pero Jean Amèry no encuentra ningún consuelo para sus desgracias en los libros y la cultura. Ambos eran, cada uno a su manera, humanistas. La cultura también fue una excusa perfecta a la que muchos se agarraron para no tener que mirar en la dirección adecuada. Hermann Hesse tuvo que escribir una novela –*El juego de los abalorios*– para hablar irónicamente de quienes se dedican a sus juegos malabares, encerrados en sus torres de marfil intelectuales y académicas, mientras la gente se mataba allá afuera o moría por nada. Si en medio de la catástrofe uno conserva las buenas maneras, y cierta discreción, no tiene por qué pasar nada, se dice. Eso creyeron muchos. El asunto es apasionante, pero no podré entrar aquí en él. En todo caso, nos sirve de advertencia entonces lo que escribió en sus memorias Stefan Zweig:

> Nosotros, unos jóvenes completamente inmersos en nuestras ambiciones literarias, reparábamos poco en los peligrosos cambios que se producían en nuestra patria: tan solo teníamos ojos para libros y cuadros. No mostrábamos ni el más mínimo interés por los problemas políticos y sociales: ¿qué significaban para nuestras vidas aquellas trifulcas a gritos? La ciudad hervía durante las elecciones y nosotros escribía-

mos versos y discutíamos poesía. No veíamos las señales de fuego en la pared. (Zweig, 2001, p. 97).

## 3. La larga fatiga del estudio

*«El estudio es el lugar del trabajo, de la dura faena.*
*El lugar del oficio. Es fundamental. Es allí donde*
*me recojo, como en un lugar de iluminación [...]*
*Habría que decirles a los pintores actuales que todo*
*se decide en el estudio. En la lentitud de su tiempo»*
*(Balthus, 2019, p. 19)*

Estudiar es una forma de ejercitación que supone una larga fatiga. Veamos en qué sentido. En algunas epístolas de Horacio, encontramos algunas meditaciones sobre la vida del pensamiento, la escritura y el estudio como un *êthos* en las que se nos muestra un tipo humano que tiene un gusto predominante por la cultura de las letras y el goce estudioso. Horacio presenta al estudioso en sus difíciles relaciones sociales con los otros, en sus egocéntricas demandas sobre la realidad, en sus exigencias de confort doméstico, sus necesidades afectivas y en parte elitistas de amistad, en fin, un tipo humano por entero inmerso en la cultura libresca. En una de esas epístolas, explica que «así pues, ahora dejo versos y demás diversiones. Sólo me interesa la verdad y la moral. Reúno y almaceno para más tarde poderme abastecer» (Horacio, 2016, I,1, p. 10). Y en otra, dirigida a un tal Lolio Máximo, comenta, en tono irónico, pero severo: «Para degollar a alguien se levantan de noche los bandidos. Para servirte a ti mismo, ¿no te despiertas? Mira que, si no quieres sano, correrás con hidropesía; y si no pides libro y lámpara antes de amanecer, si no diriges tu ánimo a estudios y cosas honestas, insomne la envidia o el deseo te atormentarán» (Horacio, 2016, I, 2, pp. 35-40).

De igual manera, el filósofo Francis Bacon se refiere al *êthos* del conocimiento en su ensayo «Del estudio», que forma parte de sus *Ensayos sobre moral y política*, donde asigna a la lectura un papel principal en una vida estudiosa. Bacon ofrece principios generales, pero precisos, sobre los propósitos de toda lectura. Tales consejos son, indiscutiblemente, una herencia de la antigüedad filosófica, dentro de la cual la lectura formaba parte de un buen arte de vivir:

> No leas para contradecir y refutar, ni para creer y dar por sentado, ni para hallar charla y discurso, sino para sopesar y meditar. Algunos libros merecen ser saboreados, otros ser devorados, y unos pocos ser masticados y digeridos; es decir, algunos libros son para leer sólo por partes, otros para leer sin concentración excesiva, y unos pocos para leer por completo, y con diligencia y atención. […] La lectura hace un hombre completo, la conversación un hombre dispuesto, y la escritura un hombre preciso. (Bacon, 1999, p. 190).

¿Qué permite a un individuo dotarse de la fuerza necesaria para entregarse con tanta dedicación a una actividad de escritura, lectura y estudio? ¿Qué sostiene la realización de un proyecto que exige el abandono de casi toda convención social y la decisión en favor de un exilio autoelegido? Marcel, el narrador de *En busca del tiempo perdido*, quiere escribir una novela, pero no cree en sus talentos literarios para poder componerla; pero, hacia el final del largo periplo narrativo, se topa con la revelación definitiva que dará el impulso definitivo. Es entonces cuando experimentará una necesidad de retirada: «Tenía la sensación de que el desencadenamiento de la vida intelectual era bastante intenso en mí en aquel momento para continuar tanto en el salón, en medio de los invitados, como a solas en la biblioteca» (Proust, 2003, p. 274). El narrador sabe ya que ha de ponerse a escribir su libro, y al mismo tiempo no tiene dudas del tremendo esfuerzo que supondrá su tarea: «¡Qué tarea tendría por delante!», señala (Proust, 2003, p. 409). Y añade:

> Para dar una idea de ella, habría que recurrir a las comparaciones con las artes más elevadas y más diferentes […] [S] oportarlo como una fatiga, aceptarlo como una regla, cons-

truirlo como una iglesia, seguirlo como un régimen, vencerlo como un obstáculo, conquistarlo como una amistad, sobrealimentarlo como a un niño, crearlo como un mundo (Proust, 2003, p. 410).

Estas imágenes son prodigiosas: soportar, aceptar, conquistar, alimentar, crear… amistad. Realmente se trata de un auténtico trabajo de *áskesis*, a la vez de renuncia (al mundo social) y de ejercitación (en la escritura). Las prácticas del estudio (leer, escribir, pensar, escuchar), según estas referencias, constituyen pues un «ejercicio espiritual». El término «ejercicio» (*exercitium*) significa la «acción de ejercer algo sobre alguna cosa» o de «formarse a sí mismo» (Dictionnaire Littré, 1960, p. 660). El término viene asociado a las nociones de trabajo y entrenamiento. El verbo «ejercer» connota, sobre todo, aspectos vinculados con la repetición, la gimnástica y la práctica. El término «espiritual» es más complejo. Tiene un aspecto teológico y religioso, pero a nosotros nos interesa destacar otro sentido: la preocupación por la vida interior e íntima, su componente de experiencia subjetiva, una experiencia que está fuera de cualquier forma de organización religiosa o eclesial, por así decir. Es el trabajo del alma sobre sí misma, un ejercicio que busca la sabiduría con el objeto de vivir lo mejor posible una vida humana *en tanto que* humana (Pavie, 2012, p. 20).

En la correspondencia de Gustave Flaubert encontramos una carta dirigida a su amiga Marie-Sophie Leroyer de Chantepie (del 18 de mayo de 1857) que nos ofrece una interesantísima reflexión. La amiga de Flaubert se lamenta del estado del mundo, y anhela mejorar y cambiar las cosas, y éste le dice: «Se rebela usted contra las injusticias del mundo, contra su bajeza, su tiranía y contra toda la infamia y fetidez de la existencia. ¿Las conoce bien? ¿Lo ha estudiado todo? ¿Es usted Dios?» (Flaubert, 2009, p. 106). Flaubert le prescribe, su propia receta, haciéndole notar que, como ella quizá carece del hábito de la contemplación, tal vez fuese conveniente ponerse a estudiar: «Tómese la vida, las pasiones y a usted misma como un *motivo* para el ejercicio intelectual», le dice (Flaubert, 2009, pp. 106-107). Si queremos vivir, «hay que renunciar a tener una idea tan clara de todo. *La humanidad es así*, no se trata de cambiarla, sino de conocerla. No piense *tanto en usted*. Abandone la esperanza de una solución» (Flaubert, 2009, pp. 106-107). Flaubert anima a su amiga a poner en práctica un régimen de estudio: «[...] En el *ardor del estudio* hay alegrías a la medida de las almas nobles. A través del pensamiento, únase a sus hermanos de hace tres mil años; recoja todos sus sufrimientos, todos sus sueños, y sentirá cómo se ensanchan, al mismo tiempo, el corazón y la inteligencia [...] Haga grandes lecturas. Adopte un plan de estudios que sea riguroso y sostenido [...] Impóngase un trabajo regular y fatigoso. Lea a los grandes maestros y trate de captar su conducta, de acercarse a su alma. De ese estudio saldrá deslumbrada y alegre» (Flaubert, 2009, p. 107). Le dice, en fin, que se atreva a la contemplación, al pensamiento, a la vida intelectual. Le sugiere que es mejor conocer el mundo que pretender cambiarlo, y le hace notar que ese estudio es un cierto ejercicio intelectual, o sea, un cierto ejercicio «espiritual»: una forma de vida, pues.

Pero todo ello requiere de un aislamiento. Tal aislamiento hace del estudioso un miembro de la tribu de los melancólicos –la melancolía es una pena que no tiene nombre, decía Joseph Joubert (2009, p. 304). El melancólico forma parte de los intelectuales que hacen de la desdicha por el estado del mundo el fundamento de su existencia, como dice Wolf Lepenies: «Está crónicamente insatisfecho; sufre por el estado del mundo. La queja es su oficio [...] Sólo puede reflexionar y no actuar» (Lepenies, 2007, p. 28). El melancólico se halla un poco al margen de las leyes habituales de la vida (Földényi, 1986, p. 20; Starobinski, 2012, p. 26). Es el estudioso, entonces, un melancólico que pertenece a una especie caracterizada por una insaciable sed de reflexión y meditación, quedando atrapado en su interior. Pareciera, pues, que es un insatisfecho crónico que, cuanto más lee y medita o reflexiona, más extraño se encuentra dentro del mundo (Clair, 2006, p. 203). Al dolerle el mundo que habita busca un modo de expresión, y con frecuencia dicha expresión es algo que tiene que ver con la creación. Anhela crear, pero para dar salida a sus inspiraciones, y necesita volver, una y otra vez, a ese estado de melancolía, que, así piensa, le permitirá seguir creando.

El estudio impone un estilo de vida. Agamben anota que una forma de vida que tenga relación con una práctica «poética» (lo poético hace referencia al acto de creación o tornar algo visible en el mundo, es un acto de *poiesis*), está siempre en *el* estudio, está siempre en *su* estudio: en un gabinete o «cuarto de estudio» que se habita y en un «ponerse a estudiar». Tanto el espacio donde se estudia (o donde se pinta) como la actividad misma del estudiar (o pintar) no parecen siempre ordenados, sino revueltos: «En el desorden de las hojas y de los libros abiertos o amontonados uno sobre el otro, en las posiciones desordenadas de los lápices, de los colores y de las telas colgadas en la pared, el estudio conserva el testimonio de la creación, registra las huellas del laborioso proceso que conduce de la potencia al acto, de la mano que escribe a la hoja escrita, de la paleta a la tela» (Agamben, 2018, p. 13).

Es una forma de vida concentrada en mirar, escuchar, pensar, escribir, leer: «Hacer algo consigo mismo, hacer algo con otros, ser afectado por el mundo de una cierta manera» (Tatián, 2017, p. 82). Es una condición *existencial*. Hace falta tener mucho afán, y mucho amor, para sostenerse en tal actividad: «Para pensar no hace falta nada. Para estudiar sí» (Tatián, 2017, p. 83). Se necesitan condiciones materiales: un lugar para estudiar, unos libros que leer, ciertos cuadernos donde escribir; pero también condiciones temporales: disponer de un tiempo liberado de las exigencias del trabajo y la labor para poder emplear la vida en el estudio. Se precisan, en fin, ciertas condiciones internas: querer hacerlo, tener deseo de estudiar. Por eso lo que resulta en verdad irritante es que las casas del estudio de hoy (y estoy pensando en las universidades) sean las que más obstaculizan la actividad del estudio y la disponibilidad de un tiempo para fomentar el afán por esta actividad.

El estudio posee, en definitiva, un carácter interminable; tanto, que produce una larga fatiga. El estudioso no ve, en el horizonte, el final de lo que hace. Es un medio sin fin predeterminado:

> El estudio es, de hecho, en sí interminable. Cualquiera que haya vivido las largas horas de vagabundeo entre los libros, cuando cada fragmento, cada código, cada inicial con la que se topa parece abrir un nuevo camino, que se pierde de repente tras un nuevo encuentro, o haya probado la laberíntica ilusión de la «ley del buen vecino», que Aby Warburg había establecido en su biblioteca, sabe que el estudio no solo no puede tener propiamente fin, sino que tampoco desea tenerlo. Aquí la etimología del término *Studium* se hace transparente. Se remonta a una raíz st- o sp- que indica los choques, los shocks. Estudiar y asombrar son, es este sentido, parientes: quien estudia se encuentra en las condiciones de aquel que ha recibido un golpe y permanece estupefacto frente a lo que le ha golpeado sin ser capaz de reaccionar, y al mismo tiempo impotente para separarse de él. Por lo tanto, el estudioso es al mismo tiempo también un estúpido. (Agamben, 1989, p. 46).

No tiene fin el estudio y «no desea tenerlo». De ahí la fatiga que el estudio impone. En su carácter interminable, el estudio asombra al estudioso, hasta volverle «estúpido». Hay una suerte de alternancia, en el estudio, de sufrimiento, pasión y terca continuidad. Ahí reside el «ritmo» propio del estudio: «[S]i por un lado permanece tan atónito y absorto, si el estudio es pues esencialmente sufrimiento y pasión, por el otro [...] lo empuja hacia la conclusión [...] Este alternarse de estupor y lucidez, de descubrimiento y de turbación, de pasión y de acción es el ritmo del estudio» (Agamben, 1989, pp. 46-47).

De acuerdo con esta descripción, el estudio siempre se demora en una potencia no del todo actualizada, e impone una larga paciencia. No sabe, el estudioso, cuál es su propósito, y hacia dónde le encaminan sus pasos. Cuando lee y estudia, el poeta latino Horacio dice en una de sus epístolas que «adonde los vientos me arrastran me dejo llevar» (Horacio, 2016, I, 1, p. 15). No extraña la tristeza del estudioso, pues «nada es más amargo que una prolongada demora de la potencia» (Agamben, 1989, p. 47). El fin del estudio jamás se alcanza. Y nada tiene que ver con el *aprender*, en el sentido en el que esta palabra se ha hecho famosa hoy. En el contexto del discurso de la «sociedad del aprendizaje» sin duda se pueden aprender muchas cosas, pero sin necesidad de haberlas estudiado con atención y demoradamente, en el sentido en que estoy considerando aquí la palabra «estudio». Al menos en lo que se refiere a las instituciones de educación, nuestra época se siente orgullosa de nociones tales como «aprendizaje» (y otras, como «aprender a aprender», «aprender a lo largo de toda la vida», «emprendedurismo»), pero vuelve impensable la palabra *estudio*.

## 4. El exilio estudioso. Meditación del cuaderno de notas

*«Las libretas como forma del estudio y el estudio como esencialmente inacabado» (Agamben, 2018, 62).*

El estudioso necesita *apartarse* de los ritmos habituales del mundo. Este aislamiento, y la necesidad de silencio que precisa el estudioso, están acompañados por un gesto de reiteración, de repetición, de insistencia que dan muestra del amor que el estudioso tiene por lo que hace.

El gabinete de estudio es el lugar en el que la persona volcada al conocimiento abandona, quizá, su máscara de insignificancia para ser, por fin, ella misma. Judith Schlager formula este pensamiento de la siguiente manera:

> Es el lugar de su soledad, de sus intereses y de sus pasiones, y es allí donde su retirada se formula como un orden aparte.

Es allí donde se despliega la lógica del mundo estudioso, una lógica consciente que se desarrolla a distancia del mundo exterior y que está fuera del alcance de su mirada. La frase de Goethe –donde comienza la vida intelectual, se detiene la política– proclama bien el principio de esta independencia. Seguramente, la retirada estudiosa supone la política y exige el mundo, y el gabinete de trabajo es menos autónomo de lo que se cree. Más aún, esta estancia no es sabia y no le vuelve más sabio a uno. Pero es un régimen de trabajo donde se desliza una vida, iluminada por su sorprendente vocación. (Schlanger, 1997, p. 220).

El estudioso, recluido en su cuarto de estudio o en la biblioteca, se entrega a su tarea como un lector lo hace a la lectura o un escritor a la escritura de su novela. En el siglo XIV, Petrarca le escribe una carta al dominico Giovanni Colonna y le dice: «Sólo en la soledad soy dueño de mí mismo y no en otra parte: en ella mi pluma (*calamus*) es verdaderamente mía y no en otra parte». El estudioso, por tanto, requiere soledad. Ahora recuerdo lo que un profesor de historia de la educación nos decía en sus clases: «El estudio es libertad y soledad». Rafael Sánchez Ferlosio, tras escribir su novela *El Jarama*, entre octubre de 1954 y marzo de 1955, «agarra» (la expresión es del propio Ferlosio, en «La forja de un plumífero») la *Teoría del lenguaje*, de Karl Bühler y se sumerge en la gramática y la anfetamina. Sin apenas salir de casa, exiliado y asocial. Y así se pasa estudiando 15 años. Ivan Illich señala que «el lector es alguien que se ha hecho a sí mismo dentro de un *exilio* para poder concentrar toda su atención y deseo en la sabiduría, que se convierte así en el hogar anhelado» (Illich, 2002, p. 27). El estudioso es un peregrino del espíritu (*peregrinatio in stabilitate*). Como también dice Barthes, «para tener tiempo de escribir, es necesario luchar a muerte contra los enemigos que amenazan ese tiempo, hay que arrancarle ese tiempo al mundo, a la vez por una elección decisiva y por una vigilancia incesante» (Barthes, 2005, p. 267). Como de pasada, Barthes anota –para hacer de la propia vida una obra– que la solución es la escritura de un *diario*, que obliga a escribir casi cada día. El mundo y la obra son rivales; el mundo y el estudio son enemigos. Si no podemos cambiar el mundo, lo mejor es tratar de comprenderlo, estudiándolo.

Imagino una jornada de un estudioso. Lo observo leyendo sentado o mientras camina y, a cada rato, tomando notas de lo que piensa, de lo que observa, de lo que lee o ha leído. ¿Tiene que llevar el estudioso un cuaderno de notas? ¿Por qué ha de hacerlo? ¿Qué clase de cuadernos? Jean Guitton se pregunta en *El trabajo intelectual*: «¿Cómo recoger con signos el trabajo de la mente, cómo fijar el pensamiento de los demás y el nuestro, para que podamos volver a pensar, revisar y practicar, sobre lo que hemos conocido y amado una vez, este movimiento de retorno que es el conocimiento?» (Guitton, 2010, pp. 95-96). En su breve ensayo, Guitton comenta que es en verdad una feliz costumbre llevar un diario que nunca será desvelado, un cuaderno en el que escribir solamente para uno mismo. Cada uno puede sacar provecho de esa práctica, que es antiquísima. Para quienes se inician en la vida del estudio es realmente aconsejable esa práctica en la que preparan en secreto este *humus* del saber.

¿De qué sirven los cuadernos? Releerlos, tras haberlos largo tiempo olvidado, constituye una auténtica celebración del recuerdo. Emerson, firmando bajo pseudónimo (*Junio*) una entrada de su Diario, el 15 de enero de 1820, escribe: «Mezclar los miles de anhelos y pasiones y objetos del mundo personificados por la Imaginación es provechoso y entretenido. Estas páginas tratan de contener en su comienzo un registro de nuevos pensamientos (cuando convengan), como un receptáculo de todas las viejas ideas que una ojeada parcial y peculiar a la antigüedad pueda proporcionar o renovar, como un cuaderno para salvar el desgaste de la débil Memoria» (Emerson, 2015, p. 21)

Si escribir un diario personal nos resulta pudoroso, y a menudo, tras escribirlo, nos avergonzamos de lo que allí escribimos, llevar un cuaderno de notas es otra cosa bien diferente. Estando nosotros en ellos, no lo estamos tanto o no del todo. En ellos recogemos lo que hay en el mundo y en los libros. Esos cuadernos nos ayudan a centrar nuestra atención en lo esencial de un asunto. A mí, escribir en mis cuadernos me ayuda a pensar. Constantemente escribo en ellos –cuando estoy enfrascado en un asunto–, las mismas ideas y, al reescribirlas una y otra vez, no solo las fijo, sino que me aclaro yo en ellas. Del mismo modo, escribir nos propone ciertos límites, impidiéndonos que queramos hablar después de todo. Escribir en cuadernos, por fin, nos calma, nos alivia, nos descarga, pues de algún modo nos ayuda a expresar lo que parecía inexpresable.

La operación de escribir en cuadernos, como la de leer en papel, y no en formato electrónico, es una operación de resistencia en un mundo hipertecnologizado. No es la misma operación la de escribir a mano que teclear, como no es igual leer en papel en vez de en una pantalla. En la escritura a mano uno se obliga a constantes detenciones del pensamiento. Hay que tomar decisiones adecuadas: ¿Qué es lo que debo anotar aquí? ¿Qué merece la pena ser conservado? ¿Qué fragmento de esta u otra obra convertir en cita, para una lectura posterior? No es necesario haber pasado por la universidad para hacer este tipo de cosas. Se trata, sin duda, de un determinado arte de vivir que pasa por la escritura y, por ende, por lo literario. El cuaderno que llevamos con nosotros, en un mundo acelerado como el nuestro, es una oportunidad para quedarse atentos, parados y pensando en lo que vemos. Escribir a mano obliga a quedarse quietos y en silencio. Nietzsche escribió muchos de ellos: cuadernos pequeños y manejables (que usaba para distintos libros), donde el apunte aforístico fuese posible. La práctica de anotaciones en cuadernos tiene que ver, por cierto, con un motivo tan nietzscheano como es la voluntad contra el sistema; para el filósofo, la voluntad de sistema era una falta de honradez intelectual.

Paul Valéry acumuló centenares de cuadernillos, donde leemos este tipo de cosas: «Alegría –emoción de levantarse a la 5 de la mañana y ponerse a anotar un montón de ideas, se diría, simultáneas, experimentando una extrema rapidez íntima» (Valéry, 2007, p. 32). ¿Qué hay que escribir en esos cuadernos? De nuevo, Valéry: «En estos cuadernos no escribo mis 'opiniones', sino que escribo mis formaciones» (Valéry, 2007, p. 31). Es una buena pista. El estudio, calma, y excita al mismo tiempo. A veces no nos deja dormir. Hay una experiencia muy particular en la vida estudiosa, en el estudio considerado como una forma de vida, como un ejercicio, como una de las bellas artes. ¿Se la puede considerar así?

En sus cuadernos, Valéry ejercita la «musculatura» de su pensamiento. Esta es la razón principal que le mueve a levantarse entre las cuatro y las cinco de la mañana, con estoica disciplina, para ponerse a escribir en sus libretas, hasta enviciarse con ellas completamente. No lo hace por escribir libros. Lo que *hace* es su propia mente: la conforma. Y se transforma en un «vicio». Su trabajo en esos cuadernos es el trabajo de Penélope: «Mi trabajo es de Penélope, este trabajo en estos cuadernos»; o esto otro: «En suma –esto (estos cuadernos de apuntes) son pilas de estudios para some 'philosophy' (whose name I dislike– or a *Miso-sophy*» (Valéry, 2007, p. 33). Se trata, dice, de «los tanteos de la mañana» (Valéry, 2007, p. 34). Valéry escribe sus anotaciones porque está convencido de la «naturaleza provisional, perpetuamente provisional, de todo lo que me viene a la mente» (Valéry, 2007, p. 35). Lo que escribe, lo escribe para él mismo –«no lo escribo sino para mí» (Valéry, 2007, p. 35); o, dicho de otro modo: «Diario de mí» (Valéry, 2007, p. 37). Es el momento de la rotunda soledad, de la imparable mismidad, de la complacencia en la falta de semejanza con los otros: «A esta hora, las 5 de la mañana, me repugna ser obligado a trabajar con la mente pensando en la opinión de otro. Es la hora de ser lo menos semejante, lo más único posible» (Valéry, 2007, p. 35).

El estudioso, como el escritor, no está encerrado todo el tiempo en su cuarto de trabajo. También se pasea. El paseo forma parte de su trabajo como estudioso o como escritor. Camina y deambula o callejea porque quiere que los dedos de sus pies piensen, porque está convencido de que las mejores ideas son una especie de pieza de caza, que hay que tomar al vuelo. No sabe, en realidad, qué está buscando: lo sabrá cuando se lo encuentre. Y por la tarde, o por la noche, entonces sí, encerrado en su gabinete, escribirá en su cuaderno de notas. Ese cuaderno, que quizá haya llevado consigo en su paseo matinal, es un lugar intermedio entre la blancura de la página y el libro ya compuesto. Los cuadernos de notas de Nietzsche dan cuenta de su naturaleza como escritor y son un ejercicio preparatorio. Son la patria del estudioso y del escritor, su hogar verdadero, su último refugio y libertad. No somos escritores por haber escrito libros, sino por haberlo intentado emborronando cuadernos de notas. Como dice Migue Morey en su breve ensayo «Cuaderno de notas»: «Podría decirse que el escritor comienza a ser escritor a partir del momento en el que se ve emplazado ante la amenaza de la imposibilidad de la obra: se reconoce como escritor en el riesgo de no poder comenzar la obra (Kafka) o de no poder conducirla (Proust)» (Morey, 2007, pp. 355-356). En su curso sobre la novela, Barthes también es muy concreto: «El cuaderno, no demasiado grande», dice; y refiere los cuadernos oblongos de Flaubert, «en bello molesquín negro», y los de Proust; menciona incluso un tipo de «bolígrafo con resorte (rapidez: no tener sacarle el capuchón)» (Barthes, 2005, p. 142). Para hacer un buen uso de este ejercicio del cuaderno de notas, hay que tener tiempo, estar libre. Una vez nos hemos habituado a esta práctica, desatenderla tiene sus efectos: «Cuando estoy cierto tiempo sin anotar, sin sacar mi cuaderno, tengo un sentimiento de frustración, de sequedad; volver a la *Notatio*: como una droga, un refugio, un resguardo. *Notatio*: como una *maternidad* […] la *interioridad* como lugar seguro» (Barthes, 2005, p. 143).

El cuaderno no está destinado a ser un sistema plenamente articulado: se basta a sí mismo y es el espejo donde finalmente nos miramos. Es una recolección y está al servicio de una memoria que no es solo recuerdo de las cosas pasadas y vividas. Es el complemento de la retirada del estudioso en su habitáculo, donde se hace la corte a sí mismo leyendo y tomando notas, como declara Montaigne en su ensayo «La ociosidad». Esta ociosidad –la misma a la que pertenece el estudioso– es en efecto causa de todas las pasiones y fantasmas. Pascal Quignard, en sus *Pequeños tratados*, se ve obligado incluso a disculparse ante el lector que está leyendo lo que sin duda tuvo su origen en sus propios cuadernos: «Se me perdonarán estos fragmentos, estos espasmos que suelto. La ola que rompe toma prestada del sol una parte precipitada de su claridad. Esta brusquedad es como un sueño de ladrón» (Quignard, 2016, 28). Es una pasión, es un furor el que inspira sus tratados, el que les da origen y nacimiento: «Yo escribía estos tratados con esa alegría furiosa que se sustrae a los que esconde porque prefiere saltar y porque quiere lanzarse. Estos textos no estaban sujetos a ningún orden general. No debían someterse a nada, ni siquiera al contraste entre ellos» (Quignard, 2016, 31). Una escritura forzada por una pasión que ignora su destino, que no busca un resultado, que no se puede medir. Que nace, intempestiva, como pura escritura.

— ❧ —

Recluirse para estudiar es un verdadero gesto de resistencia en una época en la que escritura y pensamiento están siendo sometidos a un proceso de estandarización que vuelven dichas actividades algo completamente superfluo. Estudiar con cierta atención y cuidado, con amor y dedicación, con modestia y grandes dosis de humildad, lo que deseamos transmitir después en el aula, hace que muchas cosas maduren en nosotros: «Ésa es la cuestión –dice Steiner. Llamar la atención de un estudiante hacia aquello que, en principio, sobrepasa su entendimiento, pero cuya estatura y fascinación le obligan a persistir en el intento» (Steiner, 1998, p. 65). Además, estudiar es un magnífico antídoto para dejar de pensar en nosotros mismos, de acuerdo con un ego –como el que ahora prolifera por doquier– hipersensible y al que todo le molesta y que, también en muchos «intelectuales», lo único que desea es lucirse. Y también es un buen remedio para no dar patinazos, cuando uno pretende hablar de lo que no ha estudiado con detenimiento.

Hay una cita de Petrarca, perteneciente a *De sui ipsius et multorum ignorantia* («Sobre la propia ignorancia y la de muchos otros», de 1367), que dice así: «Las letras, en efecto, son instrumentos de locura para muchos, de soberbia para casi todos, salvo que, cosa extraña, terminen descansando en un alma buena y bien dispuesta» (Citado por Llovet, 2011, p. 261). Realmente ignoro en qué consiste tener un «alma buena», pero imagino que un alma así es una que es prudente y modesta, magnánima y, añado yo, que sabe de verdad escuchar lo que el otro dice. Un alma que sabe, de modo amable y cortés –aunque lo cortés no quite lo valiente– conversar. El estudio nos permite que la conversación entre las generaciones prosiga a lo largo del tiempo. Pero hoy nuestras instituciones universitarias están siendo vampirizadas por un proceso de infantilización que, como un virus letal, afecta tanto a jóvenes como a adultos, a estudiantes y a profesores, un virus que impide dicha conversación. El estudio invita al desacuerdo razonable, y eso permite, insisto, que la conversación se mantenga y se profundice. El desacuerdo invita a la discusión, mientras que la declaración «Me siento ofendido» la clausura de forma bochornosa y definitiva. Vivimos tiempos de conversaciones imposibles. A algunos de nosotros esto nos conduce a la melancolía, que es una pena que no tiene nombre: por eso nos encerramos a leer los libros que más amamos y a escribir en nuestros cuadernos de notas, a conversar de nuestras cosas con los pocos amigos que verdaderamente lo son y, mientras leemos a los clásicos, mantener una conversación con los difuntos.

Mi idea del hombre o la mujer que han elegido el oficio de profesor es la de alguien que entra en el aula con lecturas ya realizadas y con libros que se leerán de nuevo despacio y se conversarán con alumnos devenidos, por ese gesto de lectura, en estudiantes y estudiosos. Es la de alguien que estudia en su retiro estudioso, complaciéndose en ello, y alguien que da a estudiar. Y también tiene que ver con el espacio de un aula o de una sala de clase convertida en un lugar (y no meramente considerada como un «entorno de aprendizaje») donde la lectura, la escritura y el pensamiento tienen todavía cierta autoridad. Es alguien, ese profesor estudioso, que hace de su oficio una forma de vida y no sólo un medio de subsistencia o un desempeño laboral. Mi idea de profesor está a contratiempo, es seguramente inactual y probablemente inservible, una que rivaliza contra los modos característicos que definen este tiempo, donde la lentitud, la espera y la duración ya no parecen posibles y están siendo ridiculizadas como opciones vitales. Se inscribe, como otras obras que me han inspirado y me son fundamentales aquí, contra el discurso dominante de la sociedad de aprendizaje, contra la imposibilidad actual de pensar la escuela bajo una visión pública del mundo, contra la domesticación del profesor como facilitador del aprendizaje e infantilizador emocional de los alumnos, y contra la psicologización de la teoría y la práctica educativas. Este escrito es una vindicación de la idea del profesor como un profesor estudioso que busca dar a estudiar a sus alumnos, que van a la escuela para aprender junto a otros a través del estudio: leyendo, escribiendo, pensando, conversando.

— ∞ —

Escribo estas últimas líneas en el día número 47 de confinamiento, aquí en España. Durante todo este tiempo he pasado por distintos estados de ánimo, pero destaca en mí cierto sentimiento de desolación. Desolación desde luego por todo lo que ha pasado, a nivel planetario: tantísimas muertes sin la posibilidad de un duelo público. Pero desolación, también, por lo que sin duda se nos viene encima en educación, una desolación de la que no quiero desprenderme del todo porque, en parte, sería como desligarme definitivamente del modo en el que me he venido relacionando con el oficio de ser un profesor, que para mí ha sido una forma de vida. Definitivamente estamos ya en el medio digital, pero dudo mucho de que seamos capaces de apreciar las inmensas consecuencias que este medio va a tener sobre todos nosotros, ahora que todos los «expertos» de la educación dicen que el profesorado debe de reciclar enteramente su modo de enseñar. Ya no habrá lugar para la presencia tal y como clásicamente se ha valorado cada vez que se habló de la relación entre profesores y estudiantes, entre maestros y discípulos. Que pasemos al medio electrónico y digital no es un mero cambio de dispositivo, porque se trata de un *sistema*, y eso conviene no olvidarlo, pues ese sistema nos piensa de una determinada manera. La tecnología no es un medio, es un sistema. Y ese sistema, esa es mi firme sospecha, no será capaz de formar un *público lector* ni un uso público de la razón, como Kant lo llamó, que define un tipo particular de relación entre el pensador, el escritor –o el profesor, pienso yo–, y el lector, de modo que mucho de lo que he escrito en este texto, me temo, irá a parar al más profundo de los olvidos.

El científico ruso Konstantin Tsiolkovski ordenó colocar como epitafio en su tumba la siguiente frase: «La humanidad no permanecerá atada para siempre a la tierra». Desde que lanzaron al espacio, en 1957, un objeto fabricado por el hombre, sabemos que eso es cierto. Y no se trata solamente de que, como pensaba Platón, al parecer el cuerpo es una cárcel del alma o, como sugiere el cristianismo, que la Tierra sea un valle de lágrimas; se trata de otra cosa: ahora ni siquiera el suelo que pisamos, con todas sus alteraciones y desniveles, es un terreno seguro para pensar y para darnos a pensar. Pues todo está en la *nube*, como el Sócrates ironizado por Aristófanes en «Las nubes»: «Nunca habría yo llegado a desentrañar los fenómenos celestes si no hubiera suspendido mi inteligencia y hubiera mezclado mi sutil pensamiento con el aire semejante a él. Si yo, estando en el suelo, hubiera examinado desde abajo las regiones de arriba, nunca habría desentrañado nada. Seguro, porque la tierra arrastra hacia sí la sustancia del pensamiento. Eso mismo les pasa también a los berros» (Aristófanes, 2015, 230). Habrá que meditar en serio sobre la broma que Aristófanes propone, y no tomarnos a la ligera lo que en 1956 Günter Anders decía en su asombrosa obra *La obsolescencia del hombre*, cuando habla de la *vergüenza prometeica*, la misma que sintió Adorno en una exposición de aparatos técnicos a la que asistió: «*Vergüenza de haber llegado a ser en vez de haber sido hecho*, o sea, por el hecho de que, a diferencia de los productos impecables y calculados hasta el último detalle, debe su existencia al proceso ciego y no calculado, extremadamente arcaico, de la procuración y el nacimiento» (Anders, 2011, pp. 39-40). No hemos sido fabricados y luego abandonados, como Frankenstein, sino que hemos nacido y hemos sido acogidos por quienes ya estaban aquí para enseñarnos el mundo en sus imágenes diversísimas y contradictorias. Por eso leemos, por eso conversamos, por eso transmitimos, por eso estudiamos y pensamos. En los libros hay de todo, claro, pero que existan nos permite elegir, y también recordar. Uno puede seguir enseñando en medio de la continuación de una tradición resquebrajada, pero en ausencia de todo pasado es literalmente imposible. Y en esas estamos.

Estaríamos tentados de afirmar que estamos en medio de una crisis del estudio y del estudiar, una crisis que afecta por igual a estudiantes y profesores, y usaríamos libremente esta palabra si no fuera por el hecho que está tan usada y manida que ya nos cuesta pronunciarla. En su sentido original, una crisis (*Krisis*) tiene un principio y un final o resolución, pero hoy parece que ya no es así: es una crisis sin fin, con lo cual deja simplemente de ser una crisis, en el sentido mencionado. Hoy parece que la crisis sea nuestro estado habitual o normal, por decirlo de algún modo. Es una costumbre o un hábito. Si la crisis establece una diferencia entre un antes y un después –y por eso expresa cierta experiencia de la temporalidad– en una situación donde todo está en crisis a lo que nos confrontamos es a una verdadera experiencia de la *destemporalización*. Al atomizarse el tiempo, al percibir que la vida se acelera y de que no podemos quedarnos un largo tiempo demorados en una sola cosa, quedamos desvalidos para experimentar ningún tipo de duración. Y sin duración no hay posibilidad de experimentar lo interminable del estudio. Porque el tiempo del estudio es un tiempo inserto en la duración, un tiempo que obliga a estar largo tiempo demorados en algo, sin andar dando saltos, pasando de una actividad a otra.

Una temporalidad, inscrita en el tiempo de la duración, exige sus propios rituales, que nos permiten hacer de un espacio un lugar y de un lugar un hogar. No basta con que el tiempo pase, además es preciso que el tiempo que (nos) pasa se torne habitable para nosotros, pero no de cualquier manera, sino en el modo en que cada uno, en su singularidad, habita su espacio, su lugar, su casa. Estudiantes y estudiosos, para quienes el estudio es una forma de vida, no habitan sus espacios de estudio de cualquier modo. Habitan su lugar y lo celebran con sus rituales: el rito de la lectura y el subrayado, el rito de la escritura y las anotaciones, el rito de la meditación, de la parada de la lectura y de la escritura; empezar, parar, retomar. Son esos rituales los que hacen que el tiempo se organice, se ordene, se arme de una determinada forma. Si no hay paradas, interrupciones, el tiempo es plano, y resulta a la postre insoportable, porque no hay nada estable que lo soporte.

Hannah Arendt decía en *La condición humana* que los rituales dan estabilidad a la vida y que «las cosas del mundo tienen la función de estabilizar la vida humana» (Arendt, 2005,

p. 166). Nosotros podemos cambiar, pero al mismo tiempo establecemos una relación duradera con las cosas –esta mesa de trabajo, esta silla donde me siento, este cuarto de trabajo donde leo y escribo–, que van a formar parte de mi mundo, del mundo que ahora mismo construyo: «Abandonada a sí misma o descartada del mundo humano, la silla volverá a ser madera, la madera se deshará y volverá a la tierra, de dónde surgió el árbol que fue talado para convertirse en el material sobre el que trabajar y con el que construir» (Arendt, 2005, p. 165).

Salgo y entro de mi cuarto de estudio; voy al aula y regreso al cuarto de estudio. Me encuentro con mis estudiantes y luego a solas conmigo. Pero no estoy absolutamente solo. Si leo los ensayos de Montaigne, le observo en su torre en compañía de amigos antiguos, sobre todo de Plutarco, a quien admiraba. Quiero pensar –y él mismo lo dice– que mientras lee o escribe sus posibles dolores y angustias se han reducido al mínimo: se ha retirado a tiempo y no hay una hora de lectura y estudio que no le haga olvidarse de sus miserias. Leyendo sus ensayos, primero con placer, luego con atención, después en un silencio meditativo y estudioso, casi sin darme cuenta repaso mi propia vida a la luz de sus líneas. Las sigo, las persigo, subrayo, anoto, pienso; deseo contarle a un buen amigo la maravilla de una frase, la emoción que me suscita alguno de sus argumentos. Necesito conversar con él y noto que en mi estudiar salgo y entro del mundo: de mi cuarto de estudio al mundo. Quisiera poder explicarles a mis estudiantes lo que me ha pasado, lo que todo esto supone para mí, pero sin proponerme como ejemplo, y casi nunca consigo hacer lo que pretendía. No aspiro a construir un sistema. No soy un erudito. Soy un mero profesor que lee y escribe. Y a eso lo llamo estudiar. No quiero formar parte de una orquesta sinfónica. Voy en busca de un cuarteto de cuerdas. Y si quiero pensar, más o menos filosóficamente, más o menos literariamente, qué es eso de ponerse a estudiar, qué es eso de retirarse a tiempo, qué es eso de exiliarse de vez en cuando para colocar el mundo a cierta distancia y así comprenderlo mejor, en vez de andar quejándome todo el tiempo de sus maldades e injusticias, lo que necesito es una especie de filosofía de cámara, cierta clase de intimidad. En ese interior más adentro de mí mismo me celebro de algún modo y, como Montaigne dice, me hago la corte, estando más cerca de mí.

En compañía de los libros que leo soy capaz de alcanzar, de vez en cuando, cierta clase de verdades. Entiendo por fin que existe una comunidad más amplia que la compuesta de nuestras contingencias y accidentes. Es la comunidad de quienes, en la historia, trataron de buscar la verdad y la belleza. Es una comunidad más esencial. Está formada por escritores y escritoras, poetas, ensayistas, novelistas, filósofos, artistas. Es la comunidad de los potenciales conocedores, de todos los seres humanos que anhelaron conocer, saber, rozar la belleza, pronunciar su nombre. Es una comunidad, ciertamente, de amigos, como Platón lo era de Aristóteles, como Albert Camus de René Char, como Allan Bloom de Saul Bellow. Una comunidad de conversadores que de forma amable y cortés discrepan entre sí y se aceptan. En esa comunidad encuentro una verdadera *amistad estudiosa*. En esa comunidad me reconozco.

## Referencias bibliográficas

Agamben, G. (1989). *Idea de la prosa*. Barcelona: Península.

Agamben, G. (1988) *El hombre sin contenido*. Barcelona: Áltera.

Agamben, G. (2008). *La potencia del pensamiento*. Barcelona: Anagrama.

Agamben, G. (2017). *El uso de los cuerpos. Homo Sacer, IV:2*. Valencia: Pre-Textos.

Agamben, G. (2018). *Autorretrato en el estudio*. Buenos Aires: Adriana Hidalgo.

Anders, G. (2011). *La obsolescencia del hombre. Vol. 1: Sobre el alma en la época de la segunda revolución industrial*. Valencia: Pre-Textos.

ARENDT, H. (2002). *La vida del espíritu*. Barcelona: Paidós.

ARENDT, H. (2005). *La condición humana*. Barcelona: Paidós.

ARISTÓFANES (2015) *Las nubes. Listríada. Dinero*. Madrid: Alianza.

AZORÍN (2007). *Confesiones de un pequeño filósofo*. Madrid: Espasa-Calpe.

BACON, F. (1990). *Essais de morale et politique*. París: L'Àrche.

BARTHES, R. (2005). *La preparación de la novela. Notas de cursos y seminarios en el Collège de France, 1978-1979 y 1979-1980*. Buenos Aires: Siglo XXI editores.

BENJAMIN, W. (2005) *Libro de los pasajes*. Akal: Madrid.

BOURDIEU, P. (2003). *Méditations pascaliennes*. París: Éditions du Seuil.

BORDELOIS, I. (2017). *Etimología de las pasiones*. Buenos Aires: Libros del Zorzal.

CITATI, P. (2008). *Ulises y la Odisea. El pensamiento iridiscente*. Barcelona: Galaxia Gutenberg-Círculo de Lectores.

CLAIRE, J. (2006). "La mélancolie du savoir". En Clair, J. (dir.) *Mélancolie, génie et folie en Occident*. París: Galeries nationales de Grand Palais, pp. 202-208.

COMENIUS, I. A. (2018). *Orbis sensualium pictus (El mundo en imágenes)*. Barcelona: Libros del zorro rojo.

D'HOEST, F. (2015). *El aprendizaje: del signo a la ficción*. Tesis doctoral. Madrid, UCM.

DICTIONNAIRE LITTRÉ (1990). París: Le livre de poche.

EMERSON, R. W. (2015). *Diarios*. Madrid: Ápeiron ediciones.

FLAUBERT, G. (2009). *Querida maestra. Escritoras en la correspondencia de Gustave Flaubert*. Córdoba: El Olivo Azul.

FÖLDÉNYI, L. (1986). *Melancolía*. Barcelona: Galaxia Gutenberg-Círculo de Lectores.

FREIRE, P. (2001). *La importancia de leer y el proceso de liberación*. México: Siglo XXI editores.

Foucault, M (2001). *L'Herméneutique su sujet. Cours au Collège de France, 1981-1982*. París: Gallimard-Seuil.

Foucault, M. (2015) "Histoire de la sexualité, 2: L'usage des plaisirs". En: *Oeuvres, II*. París: Gallimard - Bibliothèque de la Pléiade, pp. 739-970.

Flor, de la F. y Escadell, D. (2014). *El gabinete de Fausto*. Madrid: CSIC.

Fumaroli, M. (2013). *La República de las letras*. Barcelona: El Acantilado.

Gary, R. (2009) *El bosque del odio*. Barcelona: Galaxia Gutenberg.

Greenblatt, S. (2017) *El giro. De cómo un manuscrito olvidado contribuyó a crear el mundo moderno*. Barcelona: Crítica.

Greish, J. (2015). *Vivre en philosophant*. París : Hermann.

Guitton, J. (2010). *El trabajo intelectual*. Madrid: Rialp.

Hadot, P. (2001). *La philosophie comme manière de vivre*. París: Albin Michel.

Hadot, P. (2006). *Ejercicios espirituales y filosofía antigua*. Madrid: Siruela.

Hesse, H. (1994). *El juego de los abalorios*. Madrid: Alianza.

Homero (2004). *Odisea*. Madrid: Alianza Editorial. Versión de Carlos García Gual.

Horacio (2016). *Sátiras. Epístolas. Arte poética*. Edición bilingüe de Horacio Silvestre. Madrid: Cátedra.

Illich, I. (2002). *En el viñedo del texto. Etología de la lectura: un comentario al «Didascalicon» de Hugo de San Víctor*. México: FCE.

Jullien, F. (2016). *Lo íntimo. Lejos del ruidoso amor*. Buenos Aires: El Cuenco de Plata.

Joubert, J. (2009). *Pensamientos*. Barcelona: Península.

Larrosa, J. y Rechia, K. (2018). *P de profesor*. Buenos Aires: Noveduc.

Larrosa, J. (2019). *Esperando no se sabe qué. Sobre el oficio de profesor.* Barcelona: Candaya.

Lepenies, W. (2007). *¿Qué es un intelectual europeo? Los intelectuales y la política del espíritu en la historia europea.* Barcelona: Galaxia Gutenberg-Círculo de Lectores.

Lewis, T. (2003). *On study: Giorgio Agamben and educational potentiality.* New York: Routledge.

Llovet, J. (2011). *Adiós a la Universidad. El eclipse de las humanidades.* Barcelona: Galaxia Gutenberg-Círculo de Lectores.

MacIntyre, A. (1987). *Tras la virtud.* Barcelona: Crítica.

Maquiavelo, N. (2009). *Antología.* Barcelona, Península.

Marx, W. (2009). *Vie du lettré.* París: Les Éditions de Minuit.

Masschelein, J. (2001). The Discourse of the Learning Society and the Loss of Childhood. *Journal of Philosophy of Education,* 35: 1, pp. 1-20.

Montaigne, M. (2007). *Los Ensayos.* Barcelona: El Acantilado. Edición a cargo de J. Bayod Brau, según la edición de 1595 de Marie de Gournay.

Morey, M. (2007). "Cuaderno de notas". En *Pequeñas doctrinas de la soledad.* México: Sexto Piso, pp. 355-358.

Nehamas, A. (2005). *El arte de vivir. Reflexiones socráticas de Platón a Foucault.* Valencia: Pre-Textos.

Ortega y Gasset, J. (1974). *Unas lecciones de Metafísica.* Madrid: Ediciones de la Revista de Occidente-El Arquero.

Pardo, J. L. (1996). *La intimidad.* Valencia: Pre-Textos.

Pascal (2005). *Pensamientos.* Madrid: Valdemar.

Pavie, X. (2012). *Exercices Spirituels. Leçons de la philosophie antique.* París: Les Belles Lettres.

Pérez Cortés, S. (2004). *Palabras de filósofos. Oralidad, escritura y memoria en la filosofía antigua.* México: Siglo XXI Editores.

Pieper, J. (2017). *El ocio y la vida intelectual.* Madrid: Rialp.

Platón (1999). *Diálogos V: Parménides, Teeteto, Spfista, Político*. Madrid: Gredos.

Proust, M. y Rivière, J. (2017). *Correspondencia 1914-1922*. Segovia: La Uña Rota.

Proust, M. (1989). *À la recherche du temps perdu*, IV. Le Temps retrouvé. París : Gallimard-Bibliothèque de la Pléiade.

Proust, M. (2003). *En busca del tiempo perdido*, 7 volúmenes. Barcelona: Mondadori. Traducción: Carlos Manzano.

Quignard, P. (2016). *Pequeños tratados, I*. México: Sexto Piso.

Ripa, C. (1996/1593). *Iconología*, Vol. II. Madrid: Akal. Traducción: J. Barja, Y; Barja, R. M; Mariño Sánchez-Elvira, F; García Romero, y prólogo A. Allo Manero.

Rozier, G. (2006). *Un amor clandestino*.Barcelona: Salamandra.

San Víctor de, H. (2011). *Didascalicon de studio legendi (El afán por el estudio)*. Madrid: BAC. Edición bilingüe.

Sánchez Ferlosio, R. (2011). "La forja de un plumífero". En *Carácter y destino. Ensayos y artículos escogidos*. Chile: Ediciones Universidad Diego Portales, pp. 383-402.

Sarlo, B. (2015). Apuntes de la novela que Barthes no escribió. Disponible en: <https://semanariouniversidad.com/suplementos/loslibros/apuntes-de-la-novela-que-barthes-no-escribio/>.

Senancour, E. V. (2010). *Obermann*. Oviedo: KRK.

Séneca (2013). *Sobre la brevedad de la vida, el ocio y la felicidad*. Barcelona: El Acantilado.

Séneca (2018). *Cartas a Lucilio*. Madrid: Cátedra.

Schlanger, J. (1997). *La vocation*. París: Seuil.

Sloterdijk, P. (2012). *Has de cambiar tu vida*. Valencia: Pre-Textos.

Steiner, G. (1998). *Errata. El examen de una vida*. Madrid: Siruela.

Tatián, D. (2017). "Apunte sobre la vida de los estudiantes y el estudio como forma de vida". En *Lo interrumpido*. Buenos Aires: Editorial Las cuarenta, pp. 81-92.

VALÉRY, P. (2017). *Cahiers, 1.* París: Gallimard-Bibliotèque de La Pléiade, Edición a cargo de Judith Robinson-Valéry.

WINOCK, M. (1999). *Le siècle des intellectuels.* París: Éditions du Seuil.

ZWEIG, S. (2001). *El mundo de ayer. Memorias de un europeo.* Barcelona: El Acantilado.

# Dos

# Aprender /
# Estudiar una lengua

*Jorge Larrosa*

En un texto ya clásico, Robert McClintok afirmaba que el concepto educativo fundamental es el estudio (y no la enseñanza ni el aprendizaje), y añadía que el estudio no tiene que ver con adquirir conocimientos o competencias o, en general, con el logro de resultados de aprendizaje, sino con la formación del sujeto y con la transformación de su relación con el mundo, es decir, con hacerla más atenta, cuidadosa, densa y profunda (McClintock, 1971). Podríamos decir, en ese sentido, que la tarea de la escuela (y de la universidad entendida como una especie de escuela) es convertir a los alumnos en estudiantes, es decir, fomentar y cultivar una disposición estudiosa en relación al mundo, concretamente a través de esa porción de mundo escolarizado que llamamos «materias de estudio» que, desde luego, no tienen nada que ver con «contenidos» a ser asimilados, con «saberes» o «conocimientos» a ser aprendidos ni con «habilidades» a ser desarrolladas.

## 1. De la dificultad del estudio en una sociedad (y en una escuela) del aprendizaje

En los últimos años ha habido numerosos trabajos orientados a mostrar lo que Gert Biesta llamó la *learnification* de la educación, es decir, la sustitución del discurso educativo por el discurso del aprendizaje (Biesta, 2009, p. 36) o, dicho de otro modo, la colonización del lenguaje educativo por el de la psicología cognitiva (Larrosa y Rechia, 2018, pp. 45-49 y pp. 164-172). En ese sentido, la *learnification* de la educación implica la constitución de una verdadera ideología pedagógica en tanto que, en torno al aprendizaje interpretado cognitivamente, se constituye todo un campo semántico formado por una serie de palabras clave configuradoras del sentido común sobre lo que sea la educación y sobre la función de la escuela (sobre las palabras clave el clásico sigue siendo: Williams, 1976). Esa *learnification*, además, permite que se constituya un vocabulario homólogo en todos los idiomas, fácil de traducir, con lo que contribuye a la homogeneización de los patrones ideológicos con los que se constituye tanto la teoría como la práctica educativa. Algunas muestras serían la transformación de la sala de aula en entorno de aprendizaje, de las materias de estudio en unidades de aprendizaje, del profesor en facilitador de aprendizaje, de la escuela en un dispositivo para el aprendizaje (eficaz, significativo y, desde luego, mensurable) y del alumno en una máquina de aprender (y de aprender a aprender).

También son numerosos los textos en los que la emergencia y el triunfo de lo que se ha venido en llamar «cultura del aprendizaje» se relaciona con las nuevas formas de gubernamentalidad neo-liberal o, incluso, con la lógica productiva de la sociedad de la información, del conocimiento, del aprendizaje o con lo que algunos preferimos llamar, simplemente, capitalismo cognitivo, ese en el que la capacidad de aprendizaje permanente es capitalizada y convertida en la principal fuerza productiva (Masschelein y Simons, 2006; Simons, 2006; Simons y Masschelein, 2008a y 2008b; para una historia del desarrollo y la implementación de la «cultura del aprendizaje» por parte de los grandes organismos internacionales puede verse Fernández Liria, García Fernández y Galindo Fernández, 2017). Cuando la lógica del aprendizaje se hace dominante, la escuela y la fábrica cognitiva (post-industrial) comparten los mismos principios de funcionamiento, la escuela misma funciona como una empresa (y la empresa como una escuela), el sujeto aprendiz se aproxima al sujeto emprendedor y auto-producido, y ya no hay esa separación entre educación y trabajo que es constitutiva de la definición misma de la escuela desde su invención en la Grecia clásica (Masschelein, Simons y Larrosa, 2019).

En ese contexto, me parece que puede tener cierto interés separar nítidamente estudio de aprendizaje con el fin de ensayar las posibilidades de la idea de estudio como categoría educativa relevante. Y con el fin, también, de convertirla en una de las categorías fundamentales para definir la escuela como un espacio-tiempo separado para la actividad escolar fundamental: el estudio. A la escuela no se va a aprender (de hecho, se aprende en cualquier sitio y a cualquier hora y, desde luego, sin profesores) sino a estudiar. La escuela da (o daba) a los niños y a los jóvenes:

> Tiempo y espacio para relacionarse con un tipo de cosas específicas que sólo están en la escuela: las materias de estudio (…), esas que los adultos hemos decidido que valen la pena por sí mismas, independientemente de su utilidad (…). En latín *studium* era aplicación, celo, cuidado, dedicación. Y el verbo *studeo* significaba dedicarse, aplicarse u ocuparse de algo: la locución *studio legendi*, por ejemplo, podría traducirse como «dedicación a la lectura» (…). De ahí que si la *scholè*, el tiempo libre de la escuela, es un tiempo liberado tanto de la producción como del consumo, entonces las materias de estudio, las materias escolares, son las cosas liberadas de su función para ejercer con ellas y sobre ellas el estudio, es decir, una actividad libre y no definida por su utilidad (…). La escuela es un dispositivo que libera el tiempo, el espacio, las cosas (las materias de estudio) y los procedimientos (ejercicios) que son imprescindibles para iniciar a los niños y a los jóvenes en el estudio, para convertirlos en estudiantes (…). Los sujetos de la escuela, los escolares, son los estudiosos y los estudiantes (…). La escuela es la casa del estudio, el dispositivo material que

ofrece a los niños y a los jóvenes lo necesario para que puedan estudiar, para que puedan aplicarse con atención, disciplina, perseverancia y celo a ejercitarse en cosas que no están en la casa, ni en la televisión, ni en la plaza ni en el shopping: a cosas que valen la pena por sí mismas. (Larrosa, 2019, pp. 53-56).

Lo que me propongo aquí es, en primer lugar, clarificar la distinción entre estudio y aprendizaje a propósito de una breve elaboración de la diferencia entre aprender/ estudiar una lengua, así como, en segundo lugar, llamar la atención sobre las dificultades del estudio en una sociedad (y una escuela) del aprendizaje.

Pensar la educación (y la escuela) desde la idea de estudio o, en el caso que me ocupa, pensar la relación educativa (y escolar) con la lengua desde el estudio (en tanto que estudiosos) y no desde el aprendizaje (en tanto que aprendices), permite separar la educación escolar de su autocomprensión en términos de eficacia o, lo que es lo mismo, en términos de relaciones directas y comprobables entre causas y efectos (o entre objetivos, prácticas y resultados). La idea de estudio permite también apartarse de esa obsesión evaluativa que caracteriza, quizás esencialmente, la *learnification* de la educación (y que sería un síntoma de su progresiva mercantilización). Y permite distanciarse, además, de la comprensión de la investigación educativa como orientada a la implementación de reformas metodológicas y curriculares para mejorar la eficacia de las prácticas. De hecho, la colonización cognitiva del lenguaje educativo es complementaria de su colonización económica, esa que se concretaría en otra serie de palabras clave, también claramente ideológicas, como calidad, innovación, objetivos, procesos, resultados, aplicabilidad, etc. Si el progreso en el aprendizaje de una lengua puede ser medido por el incremento de la capacidad de los aprendices (de hecho, aprender una lengua es adquirir una capacidad, o una serie de capacidades, que pueden mostrarse y medirse en realizaciones concretas), el estudio de una lengua no tiene un propósito específico, no obedece tampoco a una secuencia que pueda ser determinada y, por tanto, si produce efectos, éstos son imprevisibles y, desde luego, no son directamente comprobables, no son susceptibles, como se dice ahora, de producir «evidencias».

Además, me parece que sólo desde la idea de estudio (y no desde las de enseñanza o aprendizaje) puede sostenerse la concepción arendtiana de la educación como transmisión, comunización y renovación del mundo (Arendt, 1996; Larrosa, 2019, pp. 16-18), así como la concepción rancieriana de la escuela como separación de tiempos, espacios y actividades sociales (Rancière, 1998; Larrosa, 2019, p. 43 ss.). De ahí que la distinción entre estudio y aprendizaje sea fundamental tanto para la definición misma de educación como para cualquier consideración acerca de las funciones (o los efectos) de la escuela. Para la concepción arendtiana de educación tal vez baste con el famoso último párrafo de su texto fundamental publicado en 1958, ese que dice que

> La educación es el punto en el que decidimos si amamos el mundo lo bastante como para asumir una responsabilidad por él y así salvarlo de la ruina que, de no ser por la renovación, de no ser por la llegada de los nuevos, sería inevitable. También la educación es donde decidimos si amamos a nuestros hijos lo bastante como para no arrojarlos de nuestro mundo y librarlos a sus propios recursos, ni quitarles de las manos la oportunidad de emprender algo nuevo, algo que nosotros no imaginamos, lo bastante como para prepararlos con tiempo para la tarea de renovar un mundo común. (Arendt, 1996, p. 208).

Para la definición rancieriana de escuela me limitaré a algunas líneas del segundo párrafo de su texto dedicado a la separación entre escuela y trabajo, ese que dice que

> La escuela es, ante todo, una forma de separación de los espacios, de los tiempos y de las ocupaciones sociales (…).

> Escuela no significa aprendizaje, sino ocio. La *scholè* griega separa dos usos del tiempo: el uso de aquellos a quienes la obligación del servicio y de la producción quita, por definición, tiempo para hacer otra cosa; y el uso de aquellos que tienen tiempo, es decir, aquellos que están dispensados de las exigencias del trabajo y pueden dedicarse al puro placer de aprender. (Rancière, 1998, p. 32).

En cualquier caso, me parece que la idea de estudio puede ayudarnos a elaborar una idea de educación orientada al mundo (y así escapar de algunas falsas alternativas como educación centrada en el profesor o en el alumno, en la enseñanza o en el aprendizaje, en los contenidos o en las habilidades, en la transmisión o en la construcción de conocimientos). Y puede contribuir también a elaborar una definición de la escuela más morfológica que funcional, es decir, más orientada a considerar las características que diferencian el tiempo escolar de otros tiempos sociales, el espacio escolar de otros espacios sociales, y las actividades escolares de otras actividades sociales.

## 2. Aprender/estudiar una lengua

En una célebre conferencia titulada «La ceguera» impartida en el teatro Coliseo de Buenos Aires el 3 de agosto de 1977, Borges dice que al perder el mundo visible debió crear otro mundo que lo sucediera para que pudiera ser el suyo en el futuro, y que fue en ese momento cuando decidió profundizar en el estudio de la literatura inglesa antigua. En aquella época Borges era profesor en la Universidad de Buenos Aires, pero como las exigencias del estudio al que quería consagrarse no podían someterse a «cuatro meses argentinos de fechas patrias y de huelgas», convocó a un grupo de ocho o nueve alumnas para emprender con ellas «el estudio de un idioma y de una literatura» que apenas conocían. «Vamos a empezar a estudiarlos», les dijo Borges, «ahora que estamos libres de la frivolidad de los exámenes». Y lo que les ocurrió desde el inicio mismo del estudio, continúa diciendo el conferenciante, es que:

> Cada una de las palabras resaltaba como si estuviera grabada, como si fuera un talismán. Por eso los versos en un idioma extranjero tienen un prestigio que no tienen en el idioma propio, porque se oye, porque se ve cada una de las palabras: pensamos en la belleza, en la fuerza, o simplemente en lo extraño de ellas. (Borges, 1980, pp. 149-150).

Con ello, dice también Borges, «había reemplazado el mundo visible por el mundo auditivo del idioma anglosajón. Después pasé a ese otro mundo, más rico y posterior, de la literatura escandinava» (p. 151).

Tendríamos aquí, me parece, enunciados con claridad meridiana, el motivo de la temporalidad indefinida del estudio (que no puede subordinarse a los calendarios universitarios), el de su carácter libre (independiente de los exámenes), el de que, en el estudio, no se trata de aprender a usar la lengua sino de oírla, de mirarla o admirarla (en su belleza, su fuerza o su extrañeza) y, sobre todo, el motivo de que en el estudio las palabras no son herramientas de comunicación sino talismanes que abren un mundo o, en el caso de las lenguas antiguas, que permiten recobrarlo haciéndolo, de nuevo, presente. En el estudio de una lengua muerta:

> Uno de cuando en cuando queda bruscamente sorprendido porque unas cosas creadas bajo otro cielo, en lenguas que han dejado de hablarse, unidas a costumbres, vestidos, valores, hábitats, percepciones, miradas, despechos, modos musicales, olores, alimentos, dioses que difieren en todo, hayan podido separarse tan limpiamente de las condiciones de su nacimiento y que no sólo sigan siéndonos legibles, sino que además nos conmuevan y nos hablen en un tono que, sorprendentemente, no nos parece desconocido. (Quignard, 2016, p. 397).

En ese sentido, no deja de ser interesante que Borges hable de la emoción y la alegría del descubrimiento, de una cierta euforia incluso, y que las relacione con la juventud y con la ebriedad: «Encontramos dos palabras. Con esas dos palabras estuvimos casi ebrios; es verdad que yo era viejo y ellas eran jóvenes (parece que son épocas aptas para la embriaguez)» (Borges, 1980, p. 151). Dejando claro así, me parece, que el estudio tiene más que ver con la apertura y el descubrimiento de un mundo que con el aprendizaje de una competencia o de una habilidad, y que el estado de ánimo que lo rige tiene más que ver con la admiración y el entusiasmo, con las maravillas y el maravillarse, que con la adquisición de un saber o de un conocimiento.

Por otra parte, no deja de ser curioso también que Borges no sólo estudie anglosajón en la soledad de su gabinete, sino que decida hacerlo en compañía de un grupo de estudiantes, es decir, de un grupo de jóvenes que, liberadas de su condición de alumnas (la que estaría normada por una condición administrativa, por el calendario universitario y por la obligación de los exámenes) se dispusieron a acompañarle en el estudio. Como si el estudio quisiera mantener, aún al margen de la institución universitaria, un cierto carácter público. Y como si ese carácter público, ese interés compartido, ese compartir con otros la alegría de los descubrimientos, fuera esencial para que se produzca esa especie de ebriedad colectiva (sobre el carácter público del estudio universitario ver Simons y Masschelein, 2017, traducido en este mismo libro).

Es claro que Borges se refiere aquí a una lengua que ya nadie habla. Como él mismo dice, en el estudio del anglosajón estaba volviendo al idioma que hablaban sus antepasados hace cincuenta generaciones. Pero una lengua muerta es emblemática para pensar la distinción entre aprender y estudiar precisamente por eso, porque ya no puede ser hablada, porque ya nadie la usa, porque no existe ya como lengua comunicativa. La dedicación a una lengua muerta contiene, llevados al límite y como en filigrana, algunos de los rasgos del estudio: la inutilidad, el carácter lujoso, el tiempo perdido, la sensación de una distancia infranqueable. Además, la diferencia entre las lenguas muertas y las lenguas desaparecidas es precisamente la escritura, el haber sido escritas y conservadas en tanto que escritas y, por tanto, el hecho de que sólo podemos acceder a ellas a través de la lectura. Una lengua muerta, podríamos decir, es aquella que sólo puede ser leída y estudiada.

Tras citar el modo como Ingeborg Bachmann elabora la analogía clásica entre una lengua y una ciudad, tras señalar que «ciudad y lengua contienen la misma utopía y la misma ruina», Giorgio Agamben dice que estudiar latín es:

> Probar a silabear una lengua muerta, aprender a perderse y reencontrarse en los callejones de las declinaciones y en las repentinas aperturas de los supinos y de los infinitivos futuros. Siempre y cuando se recuerde que de una lengua jamás debería decirse que está muerta, puesto que, por el contrario, de algún modo habla y es leída; lo único imposible, o casi imposible, es asumir en ella la posición de un sujeto, de quien dice «yo» (…). ¿A quién le habla una lengua muerta? Con certeza, no a nosotros; pero tampoco a los destinatarios de su tiempo, de los que ya no tiene recuerdo alguno. Y, sin embargo, precisamente por eso, es como si ahora fuera ella sola la que por primera vez habla, esa lengua de la cual el filósofo, sin darse cuenta de que así le asigna una consistencia espectral, dice que *ella* habla, no nosotros. (Agamben, 2011, pp. 55-56).

En ese caso límite que sería el estudio de una lengua muerta, dice Agamben, un estudio que sólo puede pasar por la lectura y en que la lengua puede ser, siempre con esfuerzo, entendida y descifrada pero jamás usada, es la lengua misma la que tiene consistencia (aunque sea espectral), como si fuera ella misma (y no los hablantes) la que dice alguna cosa. En el estudio el énfasis no está en el sujeto sino en el objeto (en la cosa, en la materia). No se estudia para convertirse en hablante (para asumir, en la lengua, la posición de sujeto), sino para ponerse a la escucha de lo que la lengua puede decirnos. La lengua estudiada, podríamos decir, no es un instrumento de comunicación sino que, como ya indicaba Borges, abre, revela y da un mundo.

Hay un fragmento en la conferencia que estoy citando que no está en la versión revisada por Borges que fue finalmente publicada. Comienza Borges hablando de la pérdida del latín como lengua universal, pero enseguida pasa a deplorar la pérdida del francés como lengua de cultura:

> Sé bien que la gente estudia inglés ahora, pero yo que quiero tanto a Inglaterra, que me siento de algún modo inglés, creo que hay una diferencia, y la diferencia es ésta: que quienes estudian inglés ahora no lo hacen en función de Shakespeare, o de Eliot o de Kipling, no, lo hacen por razones comerciales, en cambio el francés se estudiaba por el amor a la cultura francesa, el estudio del francés no se hacía para hacer negocios, no, el estudio del francés se hacía para acercarse a la gran tradición literaria francesa, y es una lástima que se haya perdido eso. (Borges, 1977).

Aunque Borges usa la palabra «estudio» tanto para el francés como para el inglés actual, creo que está señalando el núcleo de la distinción entre aprender y estudiar una lengua. Una distinción que no está en la lengua sino en el modo en que nos relacionamos con ella. Una lengua se aprende para usarla, para comunicarse con ella, para hacer negocios, pero la lengua estudiada es una llave, o un talismán, para otra cosa: para la apertura de un mundo, el de la literatura francesa según Borges, al que sólo se puede acceder a través de la lectura. El inglés se aprende para hablarlo, pero el francés se estudiaba para leerlo y por amor a ese componente esencial de la cultura francesa que Borges llama literatura.

Y la literatura es ese lugar extraño, posibilitado sólo por la escritura, en el que la lengua deja de ser una herramienta o un instrumento para, de alguna manera, revelarse en sí misma. La literatura es el lugar donde la lengua se muestra y se revela tanto en su estructura como, sobre todo, en su potencia y en su misterio. Lo que hace la literatura no es otra cosa que explorar y exponer las posibilidades de la lengua. Vladimir Navokov, que también fue profesor, define así, dirigiéndose a sus alumnos, la manera como entendía el estudio de la literatura:

> He tratado de hacer de vosotros buenos lectores, capaces de leer libros, no con el objeto infantil de identificarse con los personajes, no con el objeto adolescente de aprender a vivir, ni con el objeto académico de dedicarse a las generalizaciones. He tratado de enseñaros a leer libros por amor a su forma, a sus visiones, su arte (…). No hemos hablado sobre libros; hemos ido al centro mismo de esta o de aquella obra maestra, al corazón vivo de la materia. (Navokov, 1987, p. 542).

Estudiar literatura no es, dice Navokov, hablar sobre libros, sino ir al corazón mismo de la materia. Desde ese punto de vista, cuando Borges deplora que ya no se estudia francés para acercarse a la literatura francesa, lo que deplora es que ya nadie se interesa por la materia misma de la lengua francesa. El amor a la lengua por amor a la literatura, o el amor a la literatura por amor de la lengua, es la definición misma del filólogo. Podríamos decir, entonces, que se aprende una lengua por interés comunicativo, por finalidades comerciales; y podríamos decir también que se leen libros para identificarse con los personajes, para aprender a vivir o para hacer tesis doctorales. Pero se estudia una lengua por interés filológico, es decir, por amor a la lengua misma; y se leen libros por amor a los libros, es decir, por amor a la materia de la que los libros están hechos. De ahí que uno se convierte en aprendiz cuando quiere sacar provecho de su aprendizaje, pero sólo se convierte en estudiante por amor. De ahí también que el estudio tenga que ver con el ocio, con la *scholè*, con la libertad, con el interés por la lengua (y la cultura) en sí mismas, y no con el negocio, con la *ascholía*, con la productividad, con el interés por la lengua (y la cultura) en tanto que herramientas para ser usadas. De ese modo, el estudio supone una relación con la lengua en la que su uso ha sido suspendido. Y eso porque sólo a través de la suspensión del uso, es decir, en tanto que ha sido convertida en materia de estudio o, como diría Agamben, en medio puro, la lengua puede aparecer en sí misma. Una lengua se aprende para usarla, para servirnos de ella, para decir algo con ella, pero se estudia por amor, para ponernos nosotros a su servicio, para que sea ella misma la que nos diga algo.

Y eso no pasa sólo con las lenguas muertas o con las lenguas extranjeras, sino también con la lengua propia. Hablando de las características de la lengua escolar y/o escolarizada, Masschelein y Simons insisten en que la escuela no se da sin escritura (que el lenguaje escolar está altamente formateado por la escritura o, en general, por su gramatización) y que lo que hace la escuela es profanar la lengua materna, es decir, ponerla a distancia y a disposición de todos en tanto que la presenta como materia de estudio.

> En la educación escolar la lengua se transforma inmediatamente en materia de estudio. Y en ese sentido se vuelve también una lengua que comienza a tartamudear, a vacilar, a desarmarse, a ser analizada, recompuesta, recreada (…). Quizás sea ésta la primera responsabilidad hacia las generaciones que vienen: gramatizar la lengua, permitir que se vuelva un objeto de estudio, es decir, algo con lo que es posible relacionarse (en vez de estar completamente absorbidos o inmersos en ella) (…). En primer lugar, la escritura hace posible que podamos retornar a lo dicho, archivarlo, legarlo, analizarlo como «objeto», retomarlo de nuevo. En segundo lugar, la gramatización hace referencia también a la gramática, a la externalización y materialización de lo que normalmente permanece velado (los elementos, principios, reglas, definiciones). Incluso si la gramática es con frecuencia bastante aburrida y en términos de uso inmediato bastante inútil, es su conocimiento (en sentido amplio) lo que nos permite no estar meramente absorbidos en y por el lenguaje, sino estar, al mismo tiempo, involucrados y a distancia. (Masschelein y Simons, 2018, pp. 34-35).

Para Masschelein y Simons el estudio significa una relación con la materia por la materia misma. En la escuela, dicen, «nos centramos en la lengua por la lengua misma», por eso «la escuela no es un campo de entrenamiento para aprendices sino el lugar donde *algo* (en este caso la lengua) se separa de su uso y de su función», que esa separación del uso tiene que ver con la transformación de ese *algo* (la lengua) en materia de estudio, y que es esa transformación la que permite que la escuela «abra el mundo» (Simons y Masschelein, 2014, pp. 40-43). Si aprender una lengua tendría que ver con la adquisición de los saberes y las competencias necesarias para vivir en el mundo, estudiar una lengua tiene que ver con abrir el mundo y, sobre todo, con abrir posibilidades de mundo.

## 3. La escuela y el estudio de la lengua

En un libro dedicado a su propio estudio, Agamben comenta una imagen que aparece en un silabario de uso escolar. En ella, un adulto severo y barbudo, seguramente un profesor, está inclinado sobre dos niñas que aún sostienen sus juguetes infantiles. Apoya la mano derecha sobre la espalda de la mayor de las niñas y con la mano izquierda señala hacia un enorme abecedario. Al pie de la imagen está la frase del profesor: «todos los grandes científicos han comenzado así». Y la frase de la niña: «entonces, dijo la señorita Mini, ¡comencemos!». Y Agamben comenta: «aquí, donde el niño está a punto de traspasar el inevitable umbral del mundo de la escritura, su comprensible vacilación y su temor conviven por un instante con las promesas y el esplendor del Verbo que por fin logran dominar» (Agamben, 2018, p. 107). El motivo clásico del alfabeto como la puerta a todos los saberes y como umbral hacia la vida adulta.

Algo parecido dice Santiago Alba cuando sitúa el fin de la infancia en la automoción (los niños pesan demasiado para llevarlos en brazos y tienen que aprender a andar por sí mismos) y en la interiorización de la escritura «como técnica suprema de individualización». La cita dice lo siguiente:

> Todos los padres han sentido un orgullo ambiguo, un poco melancólico, frente a la imagen de su hijo, quizás con la lengua fuera, tratando de dibujar trabajosamente su nombre por primera vez; un pinchazo inexplicable de dolor ante ese gesto físico (y sólo subsidiariamente mental) de mirar por primera vez hacia abajo –hacia sí mismo– con un lapicero en la mano. Lo hemos sentido de pronto expuesto, vulnerable, a la intemperie. Mientras pertenecía a otra raza su nombre no era más que una cosa entre las cosas, se reconocía en él como en su oso de peluche o en su chupete y acudía a su llamada como al señuelo de un caramelo o de un juguete. Y de pronto, sí, trabajosamente, con la lengua fuera, se queda completamente sólo con su nombre dentro (…). El niño pesa demasiado y aprende casi al mismo tiempo a leer y a escribir (…). Ése es el día en que los niños se quedan por primera vez completamente solos y empiezan a convertirse en miembros de nuestra propia raza. (Alba Rico, 2015, p. 188).

La alfabetización no es sólo aprender a leer y a escribir sino iniciarse en un mundo gramatizado, un mundo en el que se vive «con la lengua fuera», un mundo en el que la escritura exterioriza los saberes y también al sujeto mismo, un mundo público en el que todas las cosas pueden aparecer en público (como diría Arendt: «entre los hombres») en tanto que están escritas y fuera de nosotros. Pero se recordará que Agamben hablaba de una vacilación y un temor (en los niños) y Alba de un pinchazo de dolor (en los padres) en ese momento de la entrada al alfabeto y, con él, al mundo gramatizado. Y es que la entrada en la lengua escolar y escolarizada es ambigua y puede significar tanto la captura de los niños y los jóvenes en mundos cerrados como, por el contrario, la apertura de posibilidades de mundo.

En un libro que recoge una serie de conferencias pronunciadas en la ciudad de Frankfurt a mediados de los ochenta,

Peter Sloterdijk comienza hablando del nacimiento como ese momento en que el niño queda desligado de la madre para iniciar su ligazón con el mundo, y donde van a ir apareciendo esa serie de contenidos que sólo podemos llamar propiamente mundo en la medida en que se dan en el lenguaje y por el lenguaje. Lo que dice Sloterdijk es que, para nosotros, para los seres humanos, el lenguaje es la instancia que nos da propiamente el mundo. Es por eso por lo que venir al mundo es venir al lenguaje. En ese contexto, Sloterdijk dice que en la lógica de la *Bildung*, de la formación, de la lógica que ha dominado las teorías y las prácticas educativas desde finales del siglo XVIII hasta mediados del XX, los recién nacidos eran conectados fundamentalmente a la lengua nacional. Y, a través de esa lengua, los recién nacidos eran conectados a una nación, a una cultura, a una tradición, a unas costumbres, a una historia, a una patria, a una religión… a todos esos elementos que constituían un sentimiento de pertenencia o, como dice Sloterdijk, un «folklore totalitario». Nacer era nacer-dentro de una nación. La nación era el marco extra-uterino al que eran ligados los recién nacidos y el venir al mundo sólo era concebible como una ligadura a una comunidad lingüística. En sus propias palabras:

> La primera preocupación de cualquier nación es ligar a los «nacidos-dentro» a las llamadas lenguas maternas. El desligamiento de la madre en el parto como atadura de los niños al centro gravitatorio de la realidad nacional tiene como consecuencia necesaria una fundamental arabización, brasilización, britanización, japonización, rusificación, sudanización, etc. de los recién nacidos. Los niños se convierten así una y otra vez en los prisioneros del Estado de sus naciones y comunidades lingüísticas, toda vez que ellos con toda razón son considerados el futuro de sus pueblos. (Sloterdijk, 2006, p. 145).

Enseguida añade que ese tipo de ligadura se ha convertido ya en anacrónica, y que la lengua a la que la escuela liga a los recién nacidos no es ya otra cosa, en estos tiempos de globalización, que un vehículo de transmisión de competencias, conocimientos y habilidades totalmente des-nacionalizados y definidos por las nuevas necesidades del capitalismo global. Si la lógica del capitalismo pasa por un desarraigo de todo, incluso del lenguaje, si pasa por una abstracción generalizada (de los sujetos, de los mundos, de las mercancías, de los valores, de las formas de vida), entonces el lenguaje también tendrá que desarraigarse. En nuestra época, dice Sloterdijk:

> El aprendizaje del alemán que es patrimonio de la mayoría de nuestros conciudadanos ha sido conducido a regiones completamente diferentes de la vida lingüística nacional. En ellas el a priori de la transmisión ha operado de tal forma que no pueden por menos de hablar el alemán urgente de la gente de negocios (…), el alemán ambicioso de los constructores del futuro, el alemán de los que miran hacia delante, de las columnas periodísticas, de los moralistas, de las almas muertas. Este flujo de transmisiones nacionales, de preocupaciones, miserias y poderes genera a su vez el alemán de las noticias y el alemán de los periódicos, así como el alemán del espíritu de los tiempos, el alemán de los comités, el alemán de los medios, el alemán de las comisiones, de la objetividad pedantesca y de la espuma cínica. (Sloterdijk, 2006, pp. 146-147).

Habría que pensar, desde luego, qué es eso en lo que nacemos-dentro, a qué nos liga la lengua enseñada, qué mundo transmite a los niños que la aprenden, a qué mundo los vincula. Y es ahí donde Sloterdijk señala hacia la posibilidad de una lengua que «no consista únicamente en la transmisión de los lazos nacionales y de los prejuicios que significan el mundo» (p. 152), una lengua, en definitiva, que no sólo nos ligue a un mundo o nos introduzca en un mundo, sino que abra posibilidades y promesas de mundos. Sloterdijk, como es habitual en él, olvida la escuela y señala hacia la poesía. Pero creo que podríamos hablar de la poesía no como un «tipo» de lengua sino, sobre todo, como aquello que de poético tiene aún el lenguaje humano, es decir, como aquello en lo que el lenguaje humano es algo más y otra cosa que un medio de comunicación, como el lugar en el que la lengua se ve, se toca, se oye, se saborea, donde se hace sensible y se convierte en objeto de contemplación.

Y creo también que podríamos hablar de un tipo de relación con la lengua, ese en el que la lengua no sólo se aprende sino que se estudia, es decir, ese en el que no estamos sólo absorbidos en y por la lengua, en el que no estamos sólo dentro de la lengua (y la lengua dentro de nosotros), en el que no sólo adquirimos los automatismos de la lengua y las habilidades para usarla adecuadamente, en el que no sólo interiorizamos las reglas de la lengua, sino ese en el que la exteriorizamos, en el que estamos todo el tiempo con la lengua fuera, y por eso nuestra lengua no sólo vacila, balbucea y tartamudea, sino que puede ser también sentida y, desde luego, analizada, recompuesta y, en definitiva, renovada. De ello depende, citando otra vez a Sloterdijk, que «nuestros textos se dirijan a espacios de libertad o se conviertan en papeles pintados con los que los no desligados tapizan sus cavernas» (p. 159).

Para Borges, que era lector y escritor, que tuvo una relación «literaria» con el mundo, que, en las inmediaciones de la ceguera, sustituyó el mundo visible de las cosas presentes por el mundo audible (y legible) de las lenguas del pasado, estudiar una lengua consiste en hacerla sensible. En otra de las conferencias del Coliseo, la del 13 de julio, la dedicada a la poesía, Borges comienza su argumentación trayendo a la presencia una sola palabra:

> Pensemos en una cosa amarilla, resplandeciente, cambiante; esa cosa es a veces en el cielo circular; otras veces tiene la forma de un arco, otras veces crece y decrece. Alguien –pero no sabremos nunca el nombre de ese alguien–, nuestro antepasado, le dio a esa cosa el nombre de *luna*, distinto en distintos idiomas y diversamente feliz. Yo diría que la voz griega *selene* es demasiado compleja para la luna, que la voz inglesa *moon* tiene algo pausado, algo que obliga a

la voz a la lentitud que conviene a la luna, que se parece a la luna, porque es casi circular, casi empieza con la misma letra con la que termina. En cuanto a la hermosa palabra que hemos heredado del latín, esa que es común al italiano, consta de dos piezas, de dos sílabas, lo cual, acaso, es demasiado. Tenemos *lua* en portugués, que parece menos feliz; y *lune*, en francés, que tiene algo de misterioso (…). En alemán, la voz *luna* es masculina, *Mond*. Así Nietzsche pudo decir que la luna es como un monje, *Mönch*, que mira envidiosamente a la tierra, o un gato, *Kater*, que pisa tapices de estrellas (…). Cada palabra es una obra poética. (Borges, 1980, pp. 103-104).

Y continúa:

El lenguaje es una creación estética. Creo que no hay ninguna duda de ello, y una prueba es que cuando estudiamos un idioma, cuando estamos obligados a ver las palabras de cerca, las sentimos hermosas o no. Al estudiar un idioma, uno ve las palabras con lupa, piensa esta palabra es fea, ésta es linda, ésta es pesada. Ello no ocurre con la lengua materna, donde las palabras no nos parecen aisladas del discurso. (Borges, 1980, pp. 105-106).

En lo que queda de su conferencia sigue leyendo y comentando versos y hablando de la belleza de la lengua, del amor a la lengua, de la felicidad de la lengua, y de su trabajo de profesor como el de transmitir (y compartir) esa belleza, ese amor y esa felicidad, eso que sólo aparece cuando las palabras se aíslan del discurso, se hacen sensibles y se exponen en su belleza y en su misterio, es decir, cuando se convierten en materia de estudio.

## 4. Breve excurso etimológico

Tanto aprender como comprender tienen que ver con apresar, con prisión, con presa, con predación y con depredación. Los aprendices serían, en esa lógica, predadores, e incitar al aprendizaje sería algo así como excitar a la caza. En el aprendizaje se trata de apropiarse de algo, y en la lógica de la caza esa apropiación se parece a un devorar. Pero aprender también tiene que ver con emprender y con empresa. De manera que el aprendiz es un emprendedor o un empresario, alguien que hace presa en alguna cosa para aprenderla y emprender algo con ella.

La palabra estudio, sin embargo, tiene que ver con estupor, con estupefacción, con algo que podríamos relacionar con el asombro, con el pasmo y con la admiración. La palabra estudio viene de *stupere* que significa algo así como quedarse inmóvil. De ahí su relación con estúpido que significa alguien que se queda parado o que es de lenta comprensión. De hecho, estudio viene del indoeuropeo *(s)teu, stup-é, stup*, que tiene que ver con golpear, de ahí la relación fónica entre estudio y tunda, contusión o contundente. Los estudiosos y los estudiantes serían entonces los que se quedan maravillados, admirados, fascinados, inmóviles, estupefactos o pasmados ante algo que les golpea y les paraliza.

Etimológicamente hay una distinción en lo que se refiere al movimiento (el aprendiz corre detrás de su presa mientras que el estudioso se queda quieto frente a lo que le fascina), también en lo que se refiere al objeto (el objeto de aprendizaje es apropiado, devorado, y el objeto de estudio es admirado, contemplado, mantenido a distancia), y también, quizá, en lo que se refiere al énfasis (en el aprendizaje el acento está en el sujeto, en el interés del sujeto, mientras que en el estudio está en el objeto, en la atención al objeto). Podríamos decir que en el estudio la caza es suspendida, interrumpida, y lo que podría haber sido una presa se convierte en algo tan asombroso que detiene el hambre y lo transforma en amor y en contemplación. En el aprendizaje uno se apropia de las cosas mientras que en el estudio uno se detiene ante ellas, las mantiene a distancia (y, por tanto, inapropiables) y se enamora de ellas. Aprender tiene que ver con hacer (se aprende haciendo y se aprende a hacer) mientras que estudiar tiene que ver con suspender el hacer y demorarse en el contemplar. Como si el aprendizaje implicase un sujeto agente, activo, impaciente, depredador y emprendedor, y el estudio supusiese más bien un sujeto paciente, contemplativo, pasmado y maravillado. Aprender una lengua estaría del lado de la *logo-fagia*, estudiar una lengua estaría del lado de la *logo-filia*. O, en otros términos, el aprendizaje toma la lengua como cosa de comer o cosa de usar (como algo a ser apropiado e interiorizado) mientras que el estudio toma la lengua como cosa de mirar y de admirar (como algo que se mantiene a distancia).

## 5. Breve excurso necrológico

En una conferencia impartida en Grenoble en 1981, Pierre Bourdieu dice que:

> Interrogarse sobre las condiciones de posibilidad de la lectura es interesarse sobre las condiciones sociales de posibilidad de situaciones en las cuales se lee (y se ve enseguida que una de esas condiciones es la *scholè*, el ocio en su forma escolar, es decir, el tiempo de leer, el tiempo de aprender a leer). (Bourdieu, 1988, p. 116).

Enseguida añade que la relación escolar con la lengua y, por tanto, con la lectura, tiene que ver con «descifrar» o con «estudiar las palabras» en sí mismas, en una «relación objetivante» con ellas, como si las palabras pudieran separarse de su uso (de lo que Bourdieu llama «la praxis») y el lenguaje pudiera tratarse con puro texto, como pura materia de estudio. El pecado de la escuela, piensa Bourdieu, es la separación que introduce respecto «al uso que hacen aquellos que lo han producido». Insiste después en la necesidad de interrogarse «sobre las condiciones de ese tipo de práctica que es la lectura, cómo son producidos los lectores, cómo son formados, en qué escuelas, etcétera», y enseguida denuncia lo que llama «el filologismo», esa actitud que consiste:

> En ponerse en la posición de un lector que trata la lengua
> como lengua muerta, como letra muerta, y que constituye
> como propiedades de la lengua las que son las propiedades
> de la lengua muerta, es decir, no hablada, al proyectar en el
> objeto lengua la relación del filólogo con la lengua muerta,
> la del descifrador colocado en presencia de un texto o de un
> fragmento oscuro del que se trata de encontrar la clave, la
> cifra, el código (…) El lector es alguien que no tiene nada
> que hacer con el lenguaje que toma por objeto, sino estudiar-
> lo. Está allí el principio de un sesgo completamente general
> que está inscrito en la relación que se llama «teórica» con
> el objeto. (Bourdieu, 1988, p. 116).

Anteriormente he tratado de caracterizar el estudio de la lengua en una serie de citas en las que se mezclaba el tratamiento escolar de la lengua materna con el de las lenguas muertas y el de las lenguas extranjeras. Y he relacionado también el estudio de la lengua con la suspensión de su uso práctico. Además, la escuela no sólo dispone la lengua para el estudio (la convierte en materia de estudio), ofreciendo así lo que podríamos llamar sus condiciones materiales, sino que proporciona también los procedimientos para el estudio, lo que podríamos llamar sus condiciones formales. En ese sentido, los ejercicios típicamente escolares como el dictado, el análisis gramatical o la composición, y los dispositivos típicamente escolares como los diccionarios, las gramáticas y los textos canónicos o ejemplares, no serían otra cosa que modos de poner a disposición de los estudiantes no sólo la lengua a ser estudiada sino también, al mismo tiempo, lo que podríamos llamar las técnicas o las artes del estudio. Así que podríamos estar de acuerdo con Bourdieu en que es la escuela la que proporciona las condiciones sociales, materiales y formales para el estudio de la lengua, la que constituye eso que, en otro lugar, el mismo Bourdieu critica como «disposición escolástica» (Bourdieu, 1999; para una crítica de esa crítica ver: Larrosa, 2019, p. 154 ss.); podríamos estar de acuerdo también en que el estudio escolar de la lengua tiene que ver con un leer que es también un descifrar, que no puede prescindir de la consideración de las estructuras y los códigos; y podríamos estar de acuerdo en que la escuela estudia la lengua a través de una relación teórica. Pero siempre que entendamos la palabra «teoría» en su sentido griego, es decir, como una contemplación atenta y deliberada en la que no se trata de producir un discurso adecuado sobre un objeto cosificado (sobre la lengua en este caso), sino de procurar crear las condiciones para que el mundo (la lengua en este caso) se revele, se deje ver o se haga presente (López, 2018). Por otra parte, y en relación a esa frase maravillosa de que quien no tiene nada que hacer con el lenguaje lo estudia, sólo diría que el estudio es precisamente eso, una forma de hacer que, en realidad, no hace nada, y que en esta época en que la lengua está siendo reducida a su función comunicativa, a sus fines propagandísticos y comerciales, y está perdiendo toda capacidad de decir, a lo mejor lo único decente que podamos hacer con ella sea precisamente estudiarla y darla a estudiar.

Por último, y en relación a ese filologismo que Bourdieu relaciona con una cierta necrofilia en la relación con la lengua, a lo mejor podríamos recordar, con Agamben, cómo la teología cristiana elaboró el modo de existencia del cuerpo glorioso de los resucitados en el Paraíso. El problema es cómo se conservan los órganos ligados a funciones vitales (especialmente el estómago y los intestinos para la nutrición y los órganos sexuales para la reproducción) cuando, evidentemente, ya no son necesarios. De lo que se trata ahí es de:

> Separar el órgano de su función fisiológica específica (…). El órgano o el instrumento que ha sido separado de su operación y permanece, por así decirlo, en suspenso, adquiere, precisamente por ello, una función ostensiva, exhibe la virtud correspondiente a la operación suspendida (…). La gloria, en este sentido, es solidaria con la inoperosidad. (Agamben, 2011, pp. 123-124).

Lo que haría la escuela no es darnos una lengua muerta sino una lengua gloriosa, es decir, una lengua que muestra sus funciones, pero en tanto que suspendidas, des-funcionalizadas o, en términos de Agamben, inoperantes. En el estudio, la lengua se muestra en su gloria, es decir, separada de su función vital. Porque sólo en esa separación puede convertirse «en el pasaje o el 'ábrete sésamo' de un nuevo uso posible» (p. 125). El estudio, lo que Bourdieu llama «filologismo», no mata la lengua, sino que la libera para nuevos usos.

## 6. Escuela y gramatización

La constitución de la lengua como materia de estudio, la suspensión de su uso y de su función para que pueda emerger algo tan extraño como la lengua en sí, remite directamente a la estructura y a las condiciones de posibilidad de la escuela (y de la filosofía) desde su invención griega que, como se sabe, es inseparable de la escritura. Es difícil para nosotros hacernos cargo de la revolución que supuso el aislamiento de ese ente llamado lengua que es, justamente, el que se trae a la presencia en el estudio. Como dice Agamben:

> Platón y Aristóteles son considerados los fundadores de la gramática porque su reflexión sobre el lenguaje sentó las bases sobre las que más tarde los gramáticos iban a construir, a través de un análisis del discurso, lo que llamamos lengua e interpretar el acto de palabra, que es la única experiencia real, como la puesta en práctica de un ente de razón llamado lengua (la lengua griega, la lengua italiana, etc.) (…) Y decimos «ente de razón» porque no está claro si existe en la mente, en los discursos en acto o sólo en los libros de gramática y en los diccionarios (Agamben, 2017, p. 17).

Tanto la filosofía (ese otro invento griego) como la escuela se constituyen en esa escisión y en esa relación fundamental y enigmática entre la lengua en sí y el discurso de sus hablantes.

Una escisión y una relación que Agamben remite a la antropogénesis:

> La antropogénesis no se cumplió de una vez por todas y de forma instantánea con el acontecimiento del lenguaje, con el devenir hablante del primer primate del género *homo*. Por el contrario, fue necesario un paciente, secular y obstinado proceso de análisis, interpretación y construcción de lo que está en juego en aquél acontecimiento. Para que pudiera surgir algo así como la civilización occidental, primero fue necesario comprender –o decidir comprender– que lo que hablamos es *una* lengua (…). La civilización que nosotros conocemos se basa antes que nada en una interpretación del acto de palabra (…). El tratado aristotélico *Sobre la interpretación*, que empieza justamente con la tesis acerca de que lo que hacemos hablando es una conexión significante de palabras, letras, conceptos y cosas, tuvo una función decisiva en la historia del pensamiento occidental; por ello la gramática que ahora se enseña en las escuelas primarias fue, y en cierta medida todavía es, la disciplina fundante del saber y del conocimiento. (Agamben, 2017, pp. 18-19).

Y un poco más adelante:

> El primate que se habría convertido en *homo sapiens* –como todos los animales– ya estaba dotado de un lenguaje, ciertamente diferente pero quizás no muy distinto del que conocemos. Lo que sucedió es que en un momento dado –que coincide con la antropogénesis– el primate del género *homo* se volvió consciente de tener una lengua, es decir, la separó de sí mismo y la exteriorizó fuera de sí como un objeto, para luego empezar a considerarla, analizarla y elaborarla en un proceso incesante –en el que se fueron dando alternativamente la filosofía, la gramática, la lógica, la psicología, la informática– que quizás todavía no ha terminado (…). Esto significa que el hombre no es simplemente un *homo sapiens*, sino ante todo un *homo sapiens loquendi*, el viviente que no sólo habla, sino que *sabe* hablar, en el sentido de que el saber de la lengua –incuso en su forma más

elemental– por necesidad tiene que preceder a cualquier otro saber. (Agamben, 2017, pp. 25-26).

Parece claro entonces que tanto la conciencia de *tener* una lengua como la posibilidad misma de algo así como el *saber* hablar depende de ese aislamiento, de esa exteriorización o de esa objetivación de la lengua en sí misma que es inseparable de la escritura o, en general, de la gramatización, es decir, de la separación y la relación entre la letra (*gramma*) y la voz o, de otro modo, entre la lengua que está en los libros de gramática o en los diccionarios y la que está en los discursos en acto. La voz se fija y se exterioriza en la letra (la oralidad se escribe) y, al mismo tiempo, la lengua que había sido expulsada hacia el exterior se reinscribe en la voz que se convierte ya en voz articulada (la escritura se oraliza).

Como es habitual entre muchos filósofos, se diría que Agamben está hablando de la escuela sin nombrarla. La escuela, desde su invención griega, funciona mediante un ir y venir constante entre la oralidad y la escritura. En la escuela la voz se escribe y la escritura se lee, se oraliza, a veces en voz alta y a veces en forma de esa oralización interiorizada que llamamos lectura silenciosa. Sólo así se constituye ese «saber de la lengua» que es la condición y el fundamento de todo tipo de conocimiento.

En la escuela se enseña y se aprende a hablar, a leer y a escribir, sin que esas enseñanzas y esos aprendizajes sean separables (la lengua escolar está formateada por la escritura). En la escuela se enseñan y se aprenden también los lenguajes propios de los diversos saberes (la lengua escolar está marcada por las materias escolares). Pero en la escuela no sólo se habla, se lee y se escribe sino que se sabe que se habla, que se lee y que se escribe. Y eso no puede darse sin que sea la lengua misma la que se ponga a distancia, es decir, sin que sea objeto de consideración, de análisis y de elaboración a través, precisamente, de su escritura. Y es eso, precisamente eso, lo que Agamben dice que está desapareciendo:

> Lo que ahora está sucediendo ante nuestros ojos es que el lenguaje que había sido exteriorizado como la cosa –es decir, según la etimología, como la «causa»– por excelencia de la humanidad, parece haber terminado su recorrido antropogenético y parece querer volver a la naturaleza de la cual proviene (…). Y la valorización de la potencia histórica de la lengua parece sustituirse por el proyecto de una informatización del lenguaje humano que lo fija en un código comunicativo que recuerda bastante al lenguaje de los animales. (Agamben, 2017, p. 26).

También Agamben insiste, en otros textos, en que la lengua, en el hombre, no es natural, y que esa no naturalidad se basa, entre otras cosas, en la diferencia entre lengua y habla. A ese hiato es al que Agamben le llama «in-fancia» (Agamben, 2001) y al que remite nada más y nada menos que la posibilidad de la historia. Pero olvida que es precisamente en la escuela donde se produce esa escisión, donde la lengua no sólo es sólo aprendida sino que, sobre todo, es presentada, traída a la presencia y, por tanto, desnaturalizada, exteriorizada y entregada, como lengua en sí, a las nuevas generaciones.

En la escuela la lengua no es sólo un instrumento, no es algo que se aprenda sólo como una capacidad o una competencia (comunicativa). Para eso, para aprender la lengua, no hace falta la escuela. En la escuela los hablantes no están sólo unidos a su lengua, confundidos con ella (como los animales o las máquinas), sino que tienen la posibilidad de oponerla a sí mismos como objeto, como escritura, es decir, pueden estudiarla.

Podríamos decir entonces, siguiendo a Agamben, que, en la escuela, el estudio separa la lengua de su uso y, precisamente por ello, hace aparecer la lengua en sí misma y la abre a un nuevo uso posible. De lo que se trata en el estudio es de «volver inoperosa una actividad destinada a un fin para disponerla a un nuevo uso que no suprime el viejo sino que insiste en él y lo exhibe» (Agamben, 2011, p. 128). Estudiar una lengua es relacionarse con ella desde el punto de vista de su inoperosidad, es decir, suspendiendo cualquier función determinada. El estudio muestra la lengua en tanto que des-funcionalizada, pero eso no anula su potencia, sino que simplemente la libera y la in-determina.

## 7. La lengua estudiada

Podríamos concluir, desde lo anterior, que lo que el estudio hace no es sólo hacer la lengua sensible (como sugería Borges en las conferencias que he citado más arriba) sino, sobre todo, hacerla consciente. Cultivar una relación estudiosa con la lengua es adoptar una disposición que tiene una dimensión filosófica y una dimensión filológica (si es que esas dos dimensiones pueden separarse). La filosofía es una contemplación y un estudio de la lengua orientado a despertar posibilidades de la lengua: la filosofía piensa la lengua y pone la lengua a pensar. La filología, por su parte, es historia de la tradición y crítica del texto, es decir, una contemplación y un estudio de la lengua orientado a mantener viva su fuerza de transmisión.

Por eso el estudio de la lengua no sólo explora las posibilidades poéticas de nuestra intimidad sensible con ella (su sonoridad, su resonancia, sus cualidades estéticas, su fuerza de conmoción y su belleza) sino también las posibilidades teóricas de nuestra capacidad de ponerla a distancia. Como si combinara tanto su máxima proximidad como su máxima lejanía. El hecho paradójico de que la lengua es lo más íntimo que tenemos, lo más cercano, lo más propio, pero también, al mismo tiempo, lo más lejano y lo más ajeno.

Por último, y para cerrar esta consideración del estudio de la lengua en la que la disposición filológica y la disposición filosófica se hacen indiscernibles y en la que la lengua no está subordinada, como decía Borges, a los negocios, y en la que no está muerta sino, como decía Agamben, liberada, transcribiré una inscripción que Agustín García Calvo, filólogo y filósofo, aseguraba haber encontrado, en griego, en la puerta de un centro libre de estudios que funcionó, durante un tiempo, en la Facultad de Letras de la Universidad de Sevilla:

> Las palabras, pues, camaradas, cojámoslas y vayamos descuartizándolas una a una con amor, eso sí, ya que tenemos nombre de «amigos de la palabra»; pues ellas no tienen por cierto parte alguna en los males en que penamos día tras día, y luego por las noches nos revolvemos en sueños, sino que son los hombres, malamente hombres, los que, esclavizados a las cosas o al dinero, también como esclavas tienen en uso a las palabras. Pero ellas, con todo, incorruptas y benignas: sí, es cierto que por ellas este orden o cosmos está tejido, engaños variopintos todo él; pero si, analizándolas y soltándolas, las deja uno obrar como libres alguna vez, en sentido inverso van destejiendo sus propios engaños ellas, tal como Penélope por el día apacentaba a los señores con esperanzas, pero a su vez de noche se tornaba hacia lo verdadero. (García Calvo, 1973, p. X).

## Referencias bibliográficas

AGAMBEN, G. (2001). *Infancia e historia*. Buenos Aires: Adriana Hidalgo.

AGAMBEN, G. (2011). *Desnudez*. Barcelona: Anagrama.

AGAMBEN, G. (2017). *¿Qué es la filosofía?* Buenos Aires: Adriana Hidalgo.

AGAMBEN, G. (2018). *Autorretrato en el estudio*. Buenos Aires: Adriana Hidalgo.

ALBA RICO, S. (2015). *Leer con niños*. Barcelona: Mondadori.

ARENDT, H. (1996). "La crisis en la educación". En, *Entre el pasado y el futuro* (pp. 185-208). Barcelona: Península.

BIESTA, G. (2009). Good education in an age of measurement. On the need to reconect with the question of purpose in education. *Educational Assessment, Evaluation and Accountability, 21*(1), 33-46. Disponible en: <https://doi.org/10.1007/s11092-008-9064-9>.

Borges, J. L. (1980). *Siete noches*. México: Fondo de Cultura Económica.

Borges, J. L. (1977). "La ceguera". Conferencia impartida en el teatro Coliseo de Buenos Aires el 3 de agosto de 1977. Disponible en: <https://www.youtube.com/watch?v=LLjd2eo62II> (consultado el 27/04/2019).

Bourdieu, P. (1988). *Cosas dichas*. Barcelona: Gedisa.

Fernández Liria, C.; García Fernández, O. y Galindo Fernández, E. (2017). *Escuela o barbarie. Entre el neoliberalismo salvaje y el delirio de la izquierda*. Madrid: Akal.

García Calvo, A. (1973). *Lalia. Ensayos de estudio lingüístico de la sociedad*. Madrid: Siglo XXI.

Larrosa, J. y Rechia, K. (2018). *P de profesor*. Buenos Aires: Noveduc.

Larrosa, J. (2019). *Esperando no se sabe qué. Sobre el oficio de profesor*. Barcelona: Candaya.

López, M. (2018). "Filmar la escuela. Teoría de la escuela". En J. Larrosa (Ed.), *Elogio de la escuela*. Buenos Aires: Miño y Dávila editores.

MacClintoc, R. (1971). Towards a place for study in a world of instruction. *Teachers College Record, 73*(2), 161-205.

Masschelein, J. y Simons, M. (2006). The learning society and governmentality: an introduction. *Educational Philosophy and Theory, 38*(4), 471-431. Disponible en: <https://doi.org/10.1111/j.1469-5812.2006.00201.x>.

Masschelein, J. y Simons, M. (2018). "La lengua de la escuela. ¿Alienante o emancipadora?". En J. Larrosa (Ed.), *Elogio de la escuela* (pp. 19-40). Buenos Aires: Miño y Dávila editores.

Masschelein, J.; Simons, M. y Larrosa, J. (2019). "The matter with/of school. Storylines of the scholastic fable". En R. Mayer y S. Witting (Eds.), *Jacques Rancière. Pädagogische Grenzgänge* (pp. 135-153). Kassel: Springer. Disponible en: <https://doi.org/10.1007/978-3-658-24783-6_6>.

Navokov, V. (1997). *Curso de literatura europea*. Barcelona: Ediciones B.

Quignard, P. (2016). *Pequeños tratados*. Vol. II. México: Sexto Piso.

Rancière, J. (1998). "École, production et egalité". En VV.AA., *L'école de la démocratie*. (pp. 32-45). Paris: Ediling.

Simons, M. (2006). Learning as investment: Notes on governmentality and biopolitics. *Educational Philosophy and Theory*, *38*(4), 524-540. Disponible en: <https://doi.org/10.1111/j.1469-5812.2006.00209.x>.

Simons, M. y Masschelein, J. (2008a). The governemtalization of learning and the assemblage of learning apparatus. *Educational Theory*, *58*(4), 391-415. Disponible en: <https://doi.org/10.1111/j.1741-5446.2008.00296.x>.

Simons, M. y Masschelein, J. (2008b). From Schools to Learning Environments: the Dark Side of Being Exceptional. *Journal of Philosophy of Education*, *42*(3-4), 687-704. Disponible en: <https://doi.org/10.1111/j.1467-9752.2008.00641.x>.

Simons, M. y Masschelein, J. (2014). *Defensa de la escuela. Una cuestión pública*. Buenos Aires: Miño y Dávila editores.

Simons, M. y Masschelein, J. (2015). Education in times of fast learning: the future of the school. *Ethics and Education*, *10*(1), 84-95. Disponible en: <https://doi.org/10.1080/17449642.2014.998027>.

Simons, M. y Masschelein, J. (2017). "Some notes on the University as Studium: A place of Collective Public Study". En C. Ruitemberg (Ed.), *Reconceptualizing Study in Educational Discourse and Practice* (pp. 40-53). New York: Routledge. Disponible en: <https://doi.org/10.4324/9781315652214-4> (traducido al castellano en este libro).

Sloterdijk, P. (2006). *Venir al mundo, venir al lenguaje*. Valencia: Pre-textos.

Williams, R. (1976). *Keywords. A vocabulary of Culture and Society*. New York: Oxford University.

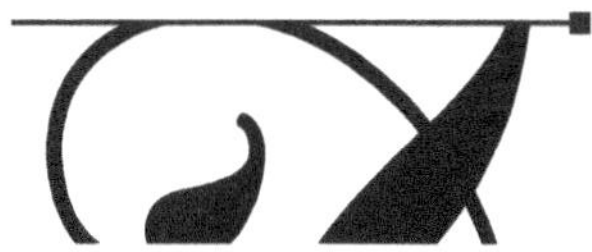

# TRES

# EL ESTUDIO COMO CUIDADO DEL MUNDO

*Diego Tatián*

## — UNO —

Una acepción inmediata de la expresión «cuidado del mundo» invoca un conjunto de ocupaciones y de reticencias de carácter conservacionista que presentan una relevancia pública, un significado ético-político y se inscriben por tanto no solo en la tarea de preservar en su fragilidad los organismos, los cuerpos y las cosas sino también involucran la *vida activa*: «…una actividad de la especie que comprende todo lo que hacemos para mantener, continuar y reparar nuestro 'mundo', de manera que podamos vivir en él lo mejor posible. Ese mundo incluye nuestros cuerpos, nuestros seres y nuestro entorno… en una compleja red de sostenimiento de la vida»[1]. Presupuesta esta acepción elemental sin la que ninguna otra cosa podría darse, la indagación que se propone aquí extiende la expresión «cuidado del mundo» hacia formas de la experiencia humana excedentes e irreductibles a la tarea de conservar los seres y las cosas que se hallan amenazados de destrucción y al sostenimiento de la vida humana y natural en su sentido más primario.

---

1. Joan Tronto, *Moral Boundaries. A Political Argument for an Ethic of Care*, Routledge, London, 1993 –citado por José María Muñoz. «Cuidar el mundo. Labor, trabajo y acción "en una compleja red de sostenimiento de la vida"», en *Isegoría*, n° 47, julio-diciembre de 2012, p. 463.

La temática arendtiana del *care* tiene su inspiración y su raíz en la *Sorge* heideggeriana –a su vez, seguramente de proveniencia aristotélica y acaso estoica–, particularmente en los seminarios de la década del veinte y en *Ser y tiempo*[2], de fundamental importancia para la formación del pensamiento arendtiano. Pero esa inspiración deriva en un tránsito desde lo que podríamos llamar el cuidado en tanto estructura fundamental del *Dasein* respecto del cual el mundo es un modo de ser[3], al cuidado como acción humana cuyo objeto es el mundo.

---

2. Franco Volpi, entre otros estudiosos de la obra temprana de Heidegger, ha mostrado que el pensamiento de Aristóteles estaba en el centro de la cantera filosófica que desembocaría en *Ser y Tiempo*, y que –aunque en los primeros años veinte dedica seminarios al *De anima*, a la *Ética nicomáquea* y a la *Retórica*– el aristotelismo de Heidegger debe buscárselo menos en textos explícitamente dedicados a Aristóteles que en una apropiación elaborada de sus conceptos. Siempre según Volpi, Heidegger habría colocado a Aristóteles en el centro de su disputa con Husserl: antes que por la *theoría*, el *Dasein* descubre al ente a través de la *praxis* y de la *poíesis* (consciente de la preponderancia que su maestro había conferido a la categoría de *teoría*). En la misma línea –acentuando su distancia con Husserl–, el primer curso de Friburgo se centra en una «hermenéutica de la facticidad» sobre la base de una interpretación del cristianismo primitivo. Esta contraposición de Aristóteles con Husserl estaría a la base de la distinción de los tres modos fundamentales del ser en *Ser y tiempo*: el ser ahí (*Da-sein*); el ser utilizable (*Zuhandenheit*), y la simple presencia (*Vorhandenheit*). Estos tres conceptos tendrían un paralelo con la *praxis*, la *poíesis* y la *theoría* respectivamente –que serían así conceptos aristotélicos apropiados por Heidegger. La determinación fundamental del *Dasein* se aprehende así a partir de una comprensión de su modo de ser como ser práctico, y a partir del carácter práctico del cuidado (*Sorge*), que desvanece cualquier interpretación «existencialista». La operación filosófica de Heidegger consistiría pues en elevar los conceptos prácticos aristotélicos a una dimensión ontológica (ver Franco Volpi, *Aristóteles y Heidegger*, Fondo de Cultura Económica, Buenos Aires, 2012; también, «La maravilla de las maravillas: que el ente es. Wittgenstein, Heidegger y la recuperación ético-práctica de la metafísica», en *Tópicos*, n° 30, Universidad Panamericana, México, 2006, pp. 197-231).

3. En el § 42 de *Ser y tiempo* Heidegger recuerda la fábula 220 de Higinio: «La siguiente autointerpretación del «ser ahí» como «cura» está sedimentada en una vieja fábula: [...] «Una vez llegó Cura a un río y vio terrones de arcilla. Cavilando, cogió un trozo y empezó a modelarlo. Mientras piensa para sí qué había hecho, se acerca Júpiter. Cura le pide que infunda espíritu al modelado trozo de arcilla. Júpiter se lo concede con gusto. Pero al querer Cura poner su nombre a su obra, Júpiter se lo prohibió, diciendo que debía dársele el suyo. Mientras Cura y Júpiter litigaban sobre el nombre, se levantó la Tierra (Tellus)

En el curso de 1923 en Friburgo sobre *Ontología. Hermenéutica de la facticidad*, Heidegger consideraba al mundo (que es siempre *Mit-Welt*, mundo común) como «lo que ocurre» (*begegnen*), esto es, lo que sale al encuentro y lo que aparece «en cuanto *aquello de que nos cuidamos, a que atendemos*». No se trata de un conjunto de hechos físicos ya ahí, sino de una apertura significativa en la que las cosas aparecen. «El verdadero modo del propio ser en el mundo es el *cuidar*, el *atender*, sea fabricar, atender los negocios, tomar posesión de algo, impedir, preservar de daños o pérdida...»[4]. ¿Podríamos incluir en esta secuencia el verbo «estudiar»? Postergamos esta interrogación, solo para decir por ahora que el cuidar y el cuidado son inherentes al «mundo», por consiguiente, concebido como aquello de que nos cuidamos y lo que atendemos, por lo que nos ocupamos y nos preocupamos.

En la última página del curso dice Heidegger: «(Tengo que terminar aquí). Partiendo de esta caracterización del existir del mundo habría que explicar en qué sentido es la *curiosidad*

---

y pidió que se le pusiera a la obra su nombre, puesto que ella era quien había dado para la misma un trozo de su cuerpo. Los litigantes escogieron por juez a Saturno. Y Saturno les dio la siguiente sentencia evidentemente justa: "Tú, Júpiter, por haber puesto el espíritu, lo recibirás a su muerte; tú, Tierra, por haber ofrecido el cuerpo, recibirás el cuerpo. Pero por haber sido Cura quien primero dio forma a este ser, que mientras viva lo posea Cura. Y en cuanto al litigio sobre el nombre, que se llame *homo*, puesto que está hecho de *humus* (tierra)".

Este testimonio preontológico cobra una especial significación por el hecho de que no sólo ve en la "cura" aquello a que está entregado el "ser ahí" humano "durante su vida", sino que esta primacía de la "cura" aparece en conexión con la conocida concepción del hombre como el compuesto de cuerpo (tierra) y espíritu. [...]: este ente tiene el "origen" de su ser en la cura. [...]: el ente no es abandonado por este origen, sino retenido, dominado por él mientras este ente "es en el mundo". El "ser en el mundo" tiene el sello "entiforme" de la "cura". Su nombre (*homo*) lo recibe este ente no de su ser, sino de aquello de que está hecho (*humus*). En qué se haya de ver el ser "original" de esta obra, lo dice la sentencia de Saturno: en el "tiempo". La definición preontológica de la esencia del hombre dada en la fábula ha fijado de antemano su vista, según esto, en aquella forma de ser que domina su paso temporal por el mundo» (*El ser y el tiempo*, versión de José Gaos, FCE, México 1974, p. 218-219).

4. Martin Heidegger, *Ontología. Hermenéutica de la facticidad*, Alianza Editorial, Madrid, 1999, p. 130.

(cura – curiositas) un cómo del cuidar. Cómo dicha curiosidad, en su realización expresa, no suprime lo dado por supuesto del existir, sino que lo refuerza y lo intensifica. Y lo hace porque el cuidado de la curiosidad se encubre constantemente a sí mismo… Hay que entender que el fenómeno del cuidado es un fenómeno fundamental del existir… Sólo partiendo de él, es posible explicar cómo… el cuidado del mero ver y del mero preguntar se fundan en el ser de la existencia humana»[5]. Se introduce aquí de modo somero y apenas esbozado el motivo de la «curiosidad» en tanto forma inmediata del cuidado. Su explicitación ontológico-existencial tendrá lugar en el § 36 de *Sein und Zeit, Die Neugier*[6]. Allí se citan Aristóteles, Parménides y Agustín (en el contexto de su exégesis de la concupiscencia en las *Confesiones*) para considerar la centralidad de la vista en el régimen cotidiano del comprender –afectado de inestabilidad (*Umweilen*), distracción (*Zerstreuung*) e impermanencia (*Aufenthaltslosigkeit*). En tanto posibilidad existencial de la cotidianeidad, la curiosidad no es aquí objeto de crítica, ni es caracterizada como indicio de una decadencia histórico-cultural. Su contraposición al «asombro» filosófico, sin embargo, registra su transitoriedad, su incapacidad de demorar y de permanecer, su ausencia de plenitud –no desvinculada de esa otra forma del ser cotidiano del ahí que en el § 35 Heidegger había designado como *Das Gerede* (las habladurías) y, junto con ello, fundamento de la vida inauténtica.

Brevemente explicitada esta proveniencia conceptual y sus estaciones en Heidegger y Arendt, la expresión «estudio como cuidado del mundo» adopta un desvío y toma una dirección propia. Cuidado del mundo busca intencionar aquí interrupción del «mundo» en sentido fáctico-positivista, donde por tanto

---

5. Ibid., p. 132.

6. Martin Heidegger, *Sein und Zeit*, Niemeyer, Tübingen, 1993, pp. 170-172. Ver sobre este pasaje el minucioso libro de Jean Greisch, *Ontologie et temporalité. Esquisse d'une interprètation intégrale de Sein und Zeit*, PUF, Paris, 1994, pp. 221-223.

mundo no equivale al conjunto de todo lo que hay sino más bien invoca una excedencia y la apertura que lo hace posible. Así, mundo es también lo que no hay, lo ausente, lo que falta –por estar retraído, hallarse escondido o no haber sido inventado aún–; lo posible, lo perdido, lo que se sustrae o no se deja ver (lo ex–óptico). El estudio como cuidado del mundo así comprendido –donde por tanto mundo no es un concepto físico sino fenomenológico, o «imaginario»– aloja una *pietas* a la vez que una inadecuación crítica. A diferencia de la Tierra o el Universo, mundo es lo indeterminado que cada nueva generación deberá concebir y crear. Un existenciario, o –en una nomenclatura diferente– un concepto forjado por la «imaginación radical» que se extiende hacia una «pluralidad irrepresentable» y sin totalidad. Lo que en *Mateo* (13,35) –y en *Salmos* (78, 2)– se evoca con la expresión «las cosas ocultas desde la creación del mundo» (que nos es encomendado, así como lugar de pérdida, como yacimiento de objetos perdidos), insta a concebir el estudio bajo el modo de un deseo de hallazgo, o un peregrinaje intelectual, cultural, filosófico, religioso y pedagógico.

Expresiones tales como «leer el libro del mundo», «comprender el mundo», «transformar el mundo» o «cuidar el mundo» abren la tarea a una complejidad irreductible a lo que ya está ahí, presente y a la mano, a lo que puede ser comprendido por todos y por todos de la misma manera –lo que redundaría exactamente en una pérdida del mundo. En efecto, mundo no es un concepto autoevidente ni un sistema de evidencias disponibles sino una opacidad y una indeterminación que revelan su significado a la experiencia solo merced a un trabajo y a resultas de una *praxis*. Sin esa experiencia así constituida no habría mundo en sentido pleno. La política, el conocimiento y la transmisión del conocimiento, el arte, el pensamiento son formas de cuidado del mundo si atentos a lo que no está ahí, a lo que no hay, a lo que hubo alguna vez y se perdió o a lo por venir. También a lo que es singular y a lo que es raro. Cuidado del mundo pues en tanto interrupción del circuito que establecen los significados impuestos por lo que ha vencido –lo que normalmente llamamos «realidad». En el juego de lenguaje que se trata de proponer, mundo es lo que hace un hueco en la realidad, lo que permite entrever detrás, lo que la destotaliza y la mantiene en el abismo.

Cuidado entonces como protección de lo que está bajo amenaza por fragilidad, también como memoria de lo que efectivamente se perdió y como preservación de la pregunta por lo que difiere, o llega de otra parte. Pero también sería necesario indagar el sentido subjetivo del genitivo: *cuidado* del mundo. Mundo como algo que cuidar y, a la vez, como algo de lo que tener cuidado. Quizá un elogio del estudio debería mantener juntos ambos sentidos. Para ello –y considerando de cerca el gran trabajo de historia conceptual realizado por Blumenberg en la tercera parte de *Die Legitimität der Neuzeit*– retomamos la cuestión de la curiosidad (a partir del alojamiento lexical de *cura* en *curiositas*) como pasión mundana por antonomasia, pero reivindicada aquí como núcleo afectivo del estudio, que redunda en una acción deliberada y lúcida.

## — Dos —

Según su leyenda más antigua, el doctor Johann Fausto abandonó la teología, «se transformó en un hombre de mundo, se llamó a sí mismo doctor en medicina, se hizo astrólogo y matemático y, aparentemente, se transformó en médico». Junto con ello, «se encaminó a amar lo que no se debe amar… quiso investigar las causas del cielo y de la tierra. Luego la curiosidad, la libertad y la ligereza lo incitaron, lo estimularon a poner en obra y a probar durante un tiempo los vocablos, las figuras, los caracteres y los conjuros mágicos para convocar ante sí al Diablo».

Así comienza la anónima *Historia del doctor Juan Fausto,* impresa por Johann Spies en Frankfurt hacia 1587. Desde entonces, ha tenido muchas versiones (Marlowe, Lessing,

Goethe…)[7]. Mediante un pacto escrito por mano propia, Fausto acepta someterse a Mefistófeles luego de veinticuatro años de «vida epicúrea» en los que será «informado y enseñado» por él[8]. El relato se cierra con una «*Oratio Fausti ad Studiosos*» donde, habiéndose cumplido el tiempo convenido, arrepentido, pronuncia un discurso moral ante quienes consagran su vida al estudio. La violencia del final consuma la obra del demonio: «Cuando se hizo de día, después de que los estudiantes hubieron pasado toda la noche sin dormir, fueron a la habitación en la que había estado Fausto; pero ya no lo vieron a él sino toda la habitación salpicada de sangre. Había resto de sus sesos pegados en las paredes, porque el Diablo lo había golpeado contra una y otra pared. Estaban también por ahí sus ojos y algunos dientes: un horrible, espantoso espectáculo»[9].

La tradición filosófica –en cierto modo consumada por el § 36 de *Ser y tiempo*– no ha dejado de advertir contra la curiosidad, considerada como la pasión de saber autonomizada de las preceptivas que impone la *meditatio mortis* –y de la que el *Fausto* es su mayor emblema. En cuanto desvío que aleja de Dios y del pensamiento de Dios, un impulso diabólico se aloja en la curiosidad. Es decir, pasión que se deja afectar por la multiplicidad sin síntesis, abismada en la mala infinitud sin plenitud posible: *dia-ballein*: que separa y opone. En la lengua griega, el antónimo de *symbolon* es así *diabolos* (*dia-ballo*: desavenir, imposibilidad de reunir, desacordar, producir pluralidad irreversible). Diabólico en cuanto lo imposible de ser representado, ni en el sentido de formar una imagen de sí, ni en el sentido de

---

7. Heidegger menciona la de Goethe en una nota del § 42 de *Ser y tiempo*, precisamente donde relata la fábula de Higinio, que reconoce haber encontrado en el artículo de K. Burdach «Faust und die Sorge» –donde se «muestra que Goethe tomó de Herder y refundió para la segunda parte de su Fausto la fábula de la Cura…» (*Ser y tiempo*, cit., p. 219).

8. *Historia del doctor Juan Fausto, el muy famoso encantador y nigromante*, presentación, traducción y notas de Oscar Caeiro, Alción Editora, Córdoba, 1997, pp. 37-38.

9. Ibid., p. 182.

ser representado por otro. Pura multiplicidad sin reconciliación, suele argüirse, por ejemplo, la intrínseca *dibolicidad* de la política por ser el ámbito de una pluralidad que nunca deja de ser tal, una multiplicidad sin síntesis no obstante los mecanismos de delegación, no obstante los procedimientos que prevén la institución de representantes, y no obstante la producción de representaciones teóricas que buscan una decodificación y una imposible interpretación de su realidad[10].

También la curiosidad se halla abismada por una multiplicidad diabólica. Fascinado por esa voluptuosidad del espíritu, Agustín habla de *cupiditas scientiae* y denuncia la «*curiosa peritia*» de los que «cuentan las estrellas del cielo y las arenas del mar, miden las regiones del cielo e investigan el curso de los astros»[11] –desde tiempos inmemoriales la navegación y la astronomía, la embarcación y el telescopio, son expresiones mayores de esa pasión de curiosidad atraída por lo desconocido que reservan el cielo y el mar. Considerada como *desiderium oculorum* («la concupiscencia de los ojos hace a los hombres curiosos» –*De Vera Religione*, 38) y *vana cupiditas,* es incluida en el catálogo de vicios y tratada de manera explícita en el capítulo 35 del Libro Décimo de *Las confesiones*[12]. Curiosidad en tanto *libido sciendi* –que en Pascal formará parte de las tres concupiscencias: *libido sentiendi, libido sciendi, libido domi-*

---

10. Roberto Esposito, *Confines de lo político*, Trotta, Madrid, 1996, p. 29.

11. San Agustín, *Las confesiones*, versión de Ángel Custodio Vega, Biblioteca de autores cristianos, Madrid, 1929, p. 195.

12. «…además de la concupiscencia de la carne (*concupiscentiam carnis*) que radica en la delectación de todos los sentidos y voluptuosidades… hay una vana y curiosa concupiscencia, paliada con el nombre de conocimiento y ciencia, que radica en el alma a través de los mismos sentidos del cuerpo y que consiste en no deleitarse en la carne sino en experimentar cosas por la carne… [A diferencia del deleite por cosas hermosas] la curiosidad busca en las cosas contrarias a estas… por el placer de experimentar y conocer. Porque, ¿qué deleite hay en contemplar en un cadáver destrozado aquello que te horroriza? Y sin embargo, si yace en alguna parte, acuden las gentes para entristecerse y palidecer», movidos por un deseo «insano y vano» de conocer del mismo modo que despiertan ese deseo «los monstruos» en el teatro y «los secretos de la naturaleza» (Idem., pp. 438-439).

*nandi*– proviene de lo que el Evangelio de Juan (2:16) había llamado *concupiscentia oculorum* («porque todo lo que hay en el mundo –los deseos de la carne, los deseos de los ojos y la soberbia de la vida– no proviene del Padre...»), es decir la tentación de mirar, que convierte en estatua de sal a la mujer de Lot y desvanece a Eurídice ante la desesperación de Orfeo, quien sin querer había mirado hacia atrás.

San Bernardo establecía que «*Primus superbiae gradus est curiositas*» y una larga tradición la aparta del árbol de la vida y la vincula al árbol de la ciencia del bien y del mal. Se trata de una forma de «saber» libidinal, vinculada al deseo, la voluptuosidad y la concupiscencia, condenada como una pasión inscripta en el reino de la seducción.

*Polypragmosýne* (ocuparse de muchas cosas sin orden), *polymathia periergía* (curiosidad por muchos asuntos) es el nombre –también peyorativo– que la Antigüedad pagana daba a la curiosidad del espíritu que busca saber sin para qué, solo motivada por un extraño interés humano en lo que no le concierne –«ese placer inextinguible que impulsa al conocimiento de las cosas» del que habla Cicerón en *De finibus*, 4, 12, y que en *De officiis* I, 6, 18 define sin embargo positivamente –es decir aristotélicamente– como «deseo del conocimiento y de la ciencia» (*cognitionis et scientiae cupiditatem*). *Periergía* expresa una aspiración siempre insatisfecha de conocimientos más extensos y variados; es una pasión vana que no conduce a ninguna regla de vida ni desemboca en sabiduría; un impulso que desintegra, que parte en todas direcciones sin límites y sin orden. Su método es la colección, la proliferación sin término y sin plenitud posible. Desmesura que se abisma en lo ilimitado. *Böse Unendlichkeit*. Infinitud del deseo que desborda la *forma* del conocimiento y arrastra fuera de los límites de la vida buena. A diferencia del sabio, el curioso no se subordina a ningún método; se abandona al placer de leer, de investigar, de coleccionar, sin una clara conciencia de los límites que impone la finitud al conocimiento humano. Por lo demás, el curioso ignora qué encierra el saber que persigue y cuáles serán los efectos de alcanzarlo; es la lección de Pandora y la del *Génesis* (Pandora y Eva son hermanas en la culpa y responsables del desencadenamiento del mal en las generaciones caídas) y también –aunque en este caso los males no se abaten sobre el mundo sino sobre sí– de Edipo, de quien en su *Tratado de la curiosidad* dice Plutarco: «La curiosidad trajo a Edipo grandes males, pues queriendo saber quién era... cuando parecía ser muy feliz, se quería buscar a sí mismo». Hubiera sido el caso de Ulises, de no haber tomado la precaución de hacerse atar; y de hecho según se lee en las *Argonáuticas* de Apolonio de Rodas, fue el destino del rey siciliano Butes –quien, a diferencia de Ulises, al oír el canto abandonó su lugar y se precipitó en el oscuro mar[13].

No solo la ceguera de lo que persigue y de las consecuencias que sobrevienen por hacerlo, también la *vanitas* afecta irremisiblemente a la curiosidad; en efecto, el gran tema filosófico de la vanidad ha sido clásicamente entrevisto como motivación secreta de la vida dedicada al estudio: sus móviles inconfesables serían el deseo de gloria, el apetito de riqueza, el anhelo de reconocimiento.

— **Tres** —

En la tercera parte («El proceso de la curiosidad teórica») de su notable libro *La legitimación de la edad moderna*, luego de una minuciosa arqueología filosófica del concepto Hans Blumenberg cuenta la historia de la rehabilitación de la curiosidad teórica (*theoretischen Neugierde*) como tránsito de la curiosidad ingenua (expresada paradigmáticamente en la primera línea de la *Metafísica* aristotélica) a la curiosidad autoconsciente: «En la edad moderna surge, en la consciencia humana, un nexo indisoluble entre la comprensión histórica del hombre y la

---

13. Pascal Quignard, *Butes*, Sexto Piso, Madrid, 2011.

realización del conocimiento científico, como confirmación del derecho a una curiosidad teórica ilimitada»[14], donde ilimitada significa no subordinada a la divinidad –en el sentido establecido por Agustín o Tertuliano (quien en *De praescriptionum haereticorum* escribe que «después de Cristo, la curiosidad no es de ninguna utilidad… su ejercicio nos está prohibido luego de que el Evangelio nos fuera anunciado»)–, ni a la autoridad de los Antiguos.

Paralelo al tránsito del «universo cerrado al universo infinito», el proceso desencadenado por la legitimación de la *curiositas* (Leonardo, Bruno, Fontenelle, Galileo, Bacon…) desmantela la vieja oposición tomista que distinguía cuidadosamente entre *studiositas* y *curiositas*. En tanto virtud concebida como moderación en el deseo de saber, la *studiositas* era parte de la vieja templanza[15], en tanto que, «inquietud errante del espíritu», la *curiositas* es avatar de la intemperancia y autonomía del deseo que se orienta a un conocimiento vano y que «envanece»[16].

En cuanto afecto íntimo del estudio y de la forma de vida abocada al estudio que considera al mundo mismo como gabinete de curiosidades (*Wunderkammern, Cabinets de curiosités, mirabilia*) –es decir en cuanto *affectum mundi*, apertura al hallazgo, deseo de curiosidades, de *curiosa* («curiosas» pueden ser tanto las personas como las cosas)–, la curiosidad es una pasión anti-narcisista (aunque, ¿existe una «curiosidad de sí» –una *curiositas sui* derivada de la *cura sui*?) que, sensible a la vastedad de lo múltiple, libera de la auto-referencia como forma

---

14. Hans Blumenberg, *La legitimación de la edad moderna*, versión de Pedro Madrigal, Pre-textos, Valencia, 2008, p. 232.

15. «La templanza tiene por misión moderar el movimiento del apetito, a fin de que no tienda con excesiva vehemencia al objeto que naturalmente apetece. Y así como el hombre, en conformidad con la naturaleza corporal, naturalmente apetece el placer de los objetos venéreos y de los alimentos, así, en conformidad con la naturaleza espiritual, desea conocer. "Todos los hombres desean naturalmente conocer" dijo Aristóteles. Y para moderar este apetito necesitamos de la estudiosidad» (Santo Tomás de Aquino, *Summa Theologiae*, II-IIae, Secunda secundae, q. 166 a. 2 Corpus).

16. Idem., q. 167.

extrema de la vanidad y del auto-interés egoísta, en la medida en que el deseo de saber cosas «inútiles» es irreductible a una funcionalidad puramente biológica, lleva fuera del reino de la necesidad y se desvía de lo necesario para la sobrevivencia. El estudioso no es un individualista posesivo del saber que acumula conocimientos para su inversión llegado el caso; antes bien la curiosidad que lo inviste refiere al mundo, a sus objetos naturales y culturales, no como objetos de consumo sino como objetos en sí, y se inscribe en el orden de *la gratuidad*. Y al contrario la *incuriosidad*, ya sea motivada por una indiferencia respecto de lo que no redunda en beneficio propio, ya por preponderancia del deseo de reconocimiento y superioridad o por culto de sí, es un efecto del narcisismo. Sustraída así de su estigmatización por la cultura clásica y cristiana, la curiosidad se aloja en el centro mismo de la vida estudiosa –y de la vida estudiante.

## — CUATRO —

El *Diccionario etimológico* de Corominas define *studium* como «aplicación, celo, ardor, diligencia» [el verbo intransitivo *studeo* quiere decir «dedicarse»]. El de la Real Academia Española dice de «estudio», en su primera acepción: «Esfuerzo que pone el entendimiento, aplicándose a conocer alguna cosa; en especial trabajo empleado en aprender y cultivar una ciencia o arte». Esta definición se halla próxima a lo que cualquiera se representa inmediatamente al escuchar la palabra. Pero el diccionario de latín da también una acepción extraña: «parcialidad política». Es por ejemplo el sentido que tiene en la célebre expresión que Tácito escribe al comienzo de los Anales: *Sine ira et studio* «Sin odio y sin parcialidad (o favoritismo)» (Tácito *Anales* 1.1.4). Esta ambivalencia ecuanimidad / parcialidad que la palabra *studium* encierra será considerada como el indicio lingüístico que, más allá de toda etimología, expresa una tensión que está en la cosa misma. Hay, en cualquier caso, *una dimensión política del estudio*.

La expresión «deseo de estudiar» articula dos términos que designan lo mismo, por cuanto *studium* significa «deseo» (ardor, anhelo). Pero, a diferencia del *conatus*, o del *desiderium*, se trata de un deseo que se hace cargo de sí. El verbo *studeo* significa «gusto», tener gusto por algo o deseo de algo [p. e. *studeo tui*]. De *studeo* deriva *studium*, palabra con la que Cicerón traslada la palabra griega *stoudé*): deseo de estudiar. Hay una dimensión claramente afectiva, deseante y política del *studium*, a la vez que y un elemento especulativo en *desiderium*[17].

Una evocación de ese deseo se aloja en la fuerza o inclinación a la que se refiere Aristóteles en la primera línea de la *Metafísica*, donde leemos que el hombre es un ser *cuya naturaleza* lo impulsa a la lucidez, al conocimiento, al saber. «Todos los hombres, por naturaleza, desean conocer (*pántes ánthropoi tou eidénai orégontai physei*). Prueba de ello es la estima de que gozan las sensaciones que, al margen de su utilidad, nos proporcionan conocimientos, sobre todo la sensación de la vis-

---

17. El verbo *desidero* deriva del sustantivo *sidus* (más usado en el plural *sidera*), que significa la figura formada por un conjunto de estrellas, es decir, «constelaciones». *Sidera* refiere a los astros y en la teología astral o en la astrología es el término que se emplea para referir la influencia de los astros sobre el destino humano –donde *sideratus* significa «fulminado por un astro». De *sidera* viene *considerare* –examinar con cuidado, respeto y veneración–, y *desiderare*, que estrictamente significa «dejar de mirar los astros». Perteneciente al campo de significaciones de la astrología, *desiderium* se inserta en la trama de los intermediarios entre Dios y el mundo de los entes materiales (cuerpos y almas habitantes de cuerpos). Para el cuerpo astral, nuestro destino está inscripto y escrito en las estrellas, y *considerare* es consultar en lo alto para encontrar allí el sentido y la guía de nuestras vidas. *Desiderare* (palabra que conlleva el prefijo negativo «de» –equivale a «des-astre»), por el contrario, es estar despojado de esa referencia, abandonar el cielo o ser abandonado por él. Bajar la mirada, dejar de mirar los astros, *desiderium* es la decisión de tomar nuestro destino en nuestras propias manos, y el deseo se llama así «voluntad» consciente nacida de la deliberación. Al apartar la mirada de los astros (recordemos que, por no hacerlo, Tales cayó en un pozo ante la burla de la muchacha tracia), *desiderium* conlleva una pérdida, una privación del saber acerca del destino, la captura en la incierta rueda de la fortuna. Deseo resulta así una carencia, un vacío que tiende hacia fuera de sí (Marilena Chaui, 1990, p. 22).

ta». ¿Redunda esta inclinación natural de la que dan prueba los sentidos por fuera de cualquier utilidad en un *«deseo de theoría»* (Aristóteles habla del *«placer del pensamiento»*), en *«deseo de estudiar»*?

En *Crátilo* (399c) Platón había dicho algo semejante al establecer la etimología de *ánthropos*. En ese pasaje, leemos que «este nombre de *ánthropos* significa que los demás animales no observan ni reflexionan ni 'examinan' (*anathreî*) nada de lo que ven; en cambio, el ser humano, al tiempo que ve –y esto significa *ópope*– también examina y razona sobre todo lo que ha visto. De aquí que sólo el ser humano, entre los animales, ha recibido correctamente el nombre de *ánthropos*, porque 'examina lo que ha visto' (*anathrôn hà ópope*)». Ese impulso natural al conocimiento, esa curiosidad elemental y esa potencia de examen sensible que se deja afectar por lo que ha sido visto (definitoria del hecho de ser humano hasta el punto de estar inscripto en la palabra que lo designa, según Platón), se constituye en estudio, mantiene las cosas en el comienzo del mundo a la vez que –o por ello mismo– adopta un carácter crítico como fuerza desideologizadora –se vuelve *bíos*, una forma de vida– cuando el cuidado asume un carácter emancipatorio y una desnaturalización de los sistemas de dominación a los que se confronta. Potencia libertaria que promete el estudio de los libros antiguos en Maquiavelo, y también en Étienne de la Boétie –tocado como nadie por el enigma de la servidumbre humana.

> De manera que –escribió– la primera causa de la *servidumbre voluntaria* es la costumbre… Pero siempre habrá algunos que, más audaces e inspirados que los demás, sienten el peso del yugo y no pueden dejar de sacudírselo; algunos que no se habitúan nunca al sometimiento y siempre y sin cesar (al igual que Ulises buscando por tierra y por mar volver a ver el humo de su hogar) recuerdan sus derechos naturales y están prestos a reivindicarlos en todas las ocasiones… recuerdan cosas pasadas para mejor juzgar el presente y prever

el porvenir. Son ellos los que, teniendo ya el espíritu bien formado, lo cultivaron también con el estudio y el saber. Cuando la libertad esté completamente perdida y excluida de este mundo, serán ellos quienes la invocarán nuevamente, pues al sentirla con intensidad, al haberla probado y al haber conservado su germen en el espíritu, jamás podrían ser seducidos por la servidumbre, por más que se la disfrace[18].

El estudio y la amistad son las grandes vías emancipatorias laboetianas, no independientes entre sí.

## Coda sobre la escuela

Conjuntos de prácticas de estudio, la escuela se plantea no como extensión de lo que hay sino como indagación de lo que no hay, en tanto parte del mundo que cuidar por la memoria, por la atención, por el deseo. Cuidado del mundo es inadecuación crítica, suspensión de lo establecido, recuerdo de las cosas ocultas desde su comienzo —cosas que descubrir o que inventar— por las que despertar curiosidad y deseo de estudio. Sustraer a la escuela de ser un simple aparato ideológico del Estado, o del mercado, o del supermercado de las informaciones y conocimientos disponibles, es concebirla y practicarla como *interrupción*. Estudio como memoria de lo derrotado, de lo que se halla oculto, de lo que aún no pudo nacer, de lo que no es funcional a la reproducción y multiplicación de lo victorioso en la disputa por la apariencia; revitalización de un antiguo deseo de saber que no se integra y asume para sí el nombre de curiosidad. Y quizá también, como propone Simone Weil en ese breve, intenso y enigmático texto sobre «el buen uso de los estudios escolares», el nombre de *atención*.

La formación de la facultad de atención —escribe allí, en plena guerra (1942)— es el objetivo verdadero y casi el único

---

18. Étienne de la Boétie, *Discurso de la servidumbre voluntaria*, versión de Diego Tatián, Las cuarenta, Buenos Aires, 2011, pp. 40-41.

interés de los estudios… Es preciso pues estudiar sin ningún deseo de obtener buenas notas, de aprobar los exámenes, de conseguir algún resultado escolar, sin ninguna consideración por los gustos o aptitudes naturales, aplicándose por igual a todos los ejercicios, en el pensamiento de que todos sirven para formar la atención que constituye la sustancia de la oración… Contrariamente a lo que de ordinario se piensa, [la voluntad] apenas cumple ninguna función en el estudio. La inteligencia no puede ser movida más que por el deseo. Para que haya deseo, es preciso que haya placer y alegría… Allí donde está ausente, no hay estudiantes, tan sólo pobres caricaturas de aprendices que al término del aprendizaje ni siquiera tendrán oficio[19].

En las antípodas de la Inquisición (extractivismo por interrogatorio y tribunal), en tanto forma del cuidado y proceso germinativo de la facultad de atención, el estudio es también un ininterrumpido diálogo con muertos y con los que aún no han nacido, para resguardar la posibilidad de que todo comience de nuevo, de otro modo.

## Coda sobre la universidad

En el discurso que Deodoro Roca leyó durante el Primer Congreso Nacional de Estudiantes que sesionó la última semana de julio de 1918 en el Teatro Rivera Indarte de Córdoba, hay una línea que dice: «*Ir a nuestras universidades a vivir, no a pasar por ellas*»[20].

Encriptada en esa frase, encuentro una enorme actualidad crítica que protege la idea de universidad como un lugar común donde, además de producirse ciencia, pensamiento, litera-

19. Simone Weil, «Reflexiones sobre el buen uso de los estudios escolares», en *A la espera de Dios*, Madrid, Trotta, 2009, pp. 70-71 [Agradezco a Flavia Dezzutto la indicación de este escrito, y una conversación ocasional sobre la *studiositas* mientras participábamos de una huelga en defensa de la universidad pública].

20. Deodoro Roca, «La nueva generación americana», en *Obra reunida I. Cuestiones universitrias*, Editorial de la Universidad Nacional de Córdoba, 2008, p. 31.

tura… es –hasta ahora– un lugar de encuentro de los cuerpos, las ideas y las palabras para el estudio, para la amistad y para la política; un espacio de oralidad pensante que el neoliberalismo académico en curso busca desmontar y sustituir por una autodidaxia virtual emprendedorista (universidades virtuales, cursos virtuales, aulas virtuales…) prescindente de la sabiduría pedagógica y de la memoria de los viejos maestros. Acaso sea esta la diferencia más importante entre el movimiento estudiantil cordobés de 1918 –que estaba motivado por un anhelo de maestros, hasta el punto de que Deodoro llega a escribir en 1931 que «La Reforma fue y es un abierto ensayo para llegar a un maestro»[21]– y la revuelta parisina del 68 que más bien procuraba su destitución. Como realización reaccionaria de esta utopía sesentayochesca, quizá entramos finalmente a un mundo sin maestros y sin docentes: forma al fin hallada del individualismo solitario y «conectado», sin encuentro, sin deseo estudiante, sin imaginación colectiva y sin anhelo de justicia, que el neoconductismo oficial busca imponer.

Ir a las universidades a vivir. En el Centro Experimental Vincennes –actualmente Paris 8– que se creó en 1969 en la estela pedagógica de las revueltas del año anterior y del que Michel Foucault fue su primer director, esta idea de Deodoro cobró un sentido literal: había cursos, conferencias y debates las veinticuatro horas, se dormía en la universidad –a la que podía asistir cualquiera–, se iba con los niños, se cocinaba, se hacía teatro en continuación. Durante las pocas semanas que duró esa forma de vida común, el estudio, la investigación y el debate jamás se interrumpían.

Tal vez sin proponerse una rutina como la que efímeramente tuvo lugar en el Centro Experimental Vincennes, la potente frase de Deodoro sobre la universidad y la vida –sobre «vivir» en la universidad– se revela en el tiempo: no significa una clausura, ni un universitarismo, ni una indiferencia sino más bien

---

21. Deodoro Roca, «Nicolai y la Argentina», op. cit., p. 79.

prospera en el encuentro con el mundo y con la revolución. La sabiduría reformista se precipita y concentra en otra frase, esta de 1936: «la Reforma [universitaria] no será posible sin una reforma social». La autonomía que la tradición de la Reforma forja en los años de lucha acaba por ser una autonomía con otros, una autonomía sensible a la no-universidad, una autonomía con mundo que asume su lugar en las borrascas de la historia sin querer evadirlas, que se percibe a sí misma como parte del «drama social» y toma partido junto al campo popular en el conflicto de fuerzas que sacuden la sociedad.

La universidad como utopía del estar-juntos (del vivir-juntos) y de estudiar juntos no equivale entonces a un universitarismo sin mundo (o «in-mundo») sino a una apertura y a una confianza en los desconocidos y en lo desconocido por venir —o por construir. La pregunta por la vida y por el mundo (y las aventuras del estudio que se interroga con ellas) no es posible sin otros —sin los que son otros respecto de la universidad. Se tratará pues de conjugar una potencia colectiva y heteróclita que jamás abandona la pregunta por las estructuras de dominación y por las apuestas de la emancipación, siempre atenta al poder de la impotencia para resguardarse de él, a las retóricas de la muerte y al odio de todo lo que brota hacia otra parte. En efecto, el vitalismo —un cierto vitalismo— es la filosofía de la universidad reformista. María Pia López ha escrito páginas fundamentales sobre la filosofía de la vida que animaba a la cultura de la Reforma[22] para imaginar una universidad no burocrática, no profesionalista, no especialista, creadora y de «espíritu libre» —arielista, antipositivista, anticapitalista, antiimperialista, anticlerical…

La huella más persistente de la Reforma no es ni fue jamás la de una «modernización» de la universidad, sino la que se propone cambiar el mundo por otro más justo —la que se propone

---

22. María Pia López, *Hacia la vida intensa. Una historia de la sensibilidad vitalista*, Eudeba, Buenos Aires, 2006, especialmente pp. 87-99.

la justicia social– y cambiar la vida para obtener una plenitud común. Y con todo ello tiene sin dudas que ver el estudio: una manera de vivirlo, de recordarlo, de transmitirlo. Allí, precisamente allí, la arqueología de la Reforma obtiene, en bruto, su gema más valiosa.

Por eso, no es irrelevante que, un reciente libro de mi amigo Eduardo Rinesi llamado *Dieciocho. Huellas de la Reforma Universitaria* concluya con un extraordinario discurso que, en la tarde del sábado 7 de abril de 2018, Luiz Inácio Lula da Silva pronunciaba ante miles de seguidores en São Bernardo do Campo, tras conocerse la sentencia que lo mantiene en prisión.

Allí Lula, un tornero sin diploma universitario, se asombra ante sí mismo de haber creado más universidades que todos los anteriores presidentes –ellos sí universitarios– de la historia del Brasil. Si sabemos comprenderla en su espíritu más íntimo, hay allí un claro avatar de la Reforma y del latinoamericanismo emancipatorio alojado en ella. Pero a la inversa también: el mayor compromiso reformista del presente no puede ser otro que la exigencia desde las universidades –exigencia que era también la del *Comité por la defensa de los presos políticos* creado por Deodoro y otros reformistas en 1936– de una América Latina sin presos políticos. Es decir, contra la domesticación «reformista» de la Reforma, un trabajo de restitución del acontecimiento-1918 nos conduce directamente a las luchas de los pueblos contra los sistemas de dominación coloniales, económicos, culturales y sociales.

«Ir a nuestras universidades a vivir» significa quizá, en el límite, salir de ellas: salir con una inteligencia atraída por el mundo; con una renovada curiosidad por otras formas de existencia; con un saber de los otros (en el doble sentido de la expresión) y una insistencia inclaudicable en la pregunta por la libertad –que, como lo supieron muy bien los reformistas, jamás se obtuvo sin una liberación.

## *Elogio del estudio*

*Bertolt Brecht*

¡Estudia lo elemental! Para aquellos
cuya hora ha llegado
no es nunca demasiado tarde.
¡Estudia el «abc» ! No basta, pero
estúdialo ¡No te canses!
¡Empieza! ¡Tú tienes que saberlo todo!
Estás llamado a ser un dirigente.
¡Estudia, hombre en el asilo!
¡Estudia, hombre en la cárcel!
¡Estudia, mujer en la cocina!
¡Estudia, sexagenario!
Estás llamado a ser un dirigente.
¡Asiste a la escuela, desamparado!
¡Persigue el saber, muerto de frío!
¡Empuña el libro, hambriento! ¡Es un arma!
Estás llamado a ser un dirigente.
¡No temas preguntar, compañero!
¡No te dejes convencer!
¡Compruébalo tú mismo!
Lo que no sabes por ti,
no lo sabes.
Repasa la cuenta,
tú tienes que pagarla.
Apunta con tu dedo a cada cosa
y pregunta: «Y esto, ¿por qué?»
Estás llamado a ser un dirigente.

# DEL OCIO AL ESTUDIO: SOBRE EL CULTIVO Y LA TRANSMISIÓN DE UN ARTE

*Maximiliano Valerio López*

## 1. La escuela como lugar de ocio

A finales de los años 80, durante el auge de las reformas neoliberales en Francia, Jacques Rancière escribió un artículo titulado "Escuela, Producción e Igualdad", donde denunciaba la formación de un nuevo consenso en materia de educación, un consenso entre los grupos conservadores, preocupados por una formación orientada a la productividad y el mercado, y los grupos progresistas, partidarios de la distribución equitativa del conocimiento y la promoción social de las clases menos favorecidas. Según este nuevo consenso, la universalización de los conocimientos científicos y la eficacia de sus aplicaciones garantizarían un tránsito feliz y armonioso entre la formación escolar y la empresa económica. Así como, entre la promoción de los individuos "emprendedores" y el bienestar de la comunidad. Dicha visión se resume bastante bien en el famoso slogan "aprender para emprender", en el que el aprendizaje aparece como un primer paso en dirección al emprendimiento productivo. La relación no es en absoluto arbitraria ya que ambos términos comparten la misma etimología, que los emparenta con la palabra latina *apprehendere*, la cual, posteriormente, se vulgarizó como *prendere* y cuyo significado remite a la idea de captura o apropiación. En la órbita de esta palabra se encuentran términos como aprensión, prehensión, prisión, presa o empresa. En todos estos casos se trata de tomar o apoderarse de alguna cosa. Lo que da coherencia a la frase "aprender para emprender" es que en ambos términos está presupuesta una lógica adquisitiva, según la cual, adquirir conocimiento aparece como el primer eslabón de una cadena que llevaría, en un futuro, a la posibilidad de adquirir otro tipo de riquezas.

Frente a esta visión, Rancière decide retomar una separación que está en la base de lo que denominamos escuela pública, esto es, la separación entre trabajo y ocio, espacio privado y público, racionalidad económica y racionalidad política, para así dejar en evidencia que entre la escuela y el mercado no hay ninguna continuidad, dado que pertenecen a órbitas heterogéneas, que su diferencia no es de grado sino de naturaleza. En ese sentido dirá que la escuela no es, ni ha sido nunca, una institución de preparación para el mundo del trabajo, sino más bien lo contrario, una institución capaz de ofrecer un espacio y un tiempo especial, separado de las demandas y urgencias que el trabajo impone. En palabras de Rancière:

> Escuela no significa aprendizaje, sino ocio. La *skholé*[23] griega separa dos usos del tiempo: el uso de aquellos a quienes la obligación del servicio y de la producción quita, por definición, tiempo para hacer otra cosa y el uso de aquellos que tienen tiempo, es decir, de quienes están dispensados de la exigencia del trabajo. De entre estos últimos, algunos aumentan esta disponibilidad sacrificando tanto cuanto les sea posible los privilegios y los deberes de su condición al puro placer de aprender (1988, p. 2).

Para los antiguos griegos existían dos dimensiones diferentes de lo que podríamos denominar la vida en común: la casa

---

23. La palabra «escuela» es una derivación del término griego *skholé*, aquel que los latinos tradujeron como *otium*, literalmente, «tiempo libre».

(*oikos*) y la ciudad (*pólis*), una ligada a las necesidades que la subsistencia nos impone y otra ligada a las actividades libremente elegidas. La gestión de las actividades necesarias para la manutención de la vida constituía el ámbito de la *oikonomía* (de donde deriva nuestro término contemporáneo economía), y las que se refieren a la creación de una forma-de-vida libremente elegida y, como tal, siempre abierta a la posibilidad, constituía el ámbito de la política. En otras palabras, para los antiguos, la comunidad natural del hogar nace de la necesidad, mientras que la comunidad de la ciudad nace de la posibilidad de vivir juntos eligiendo, por medio de la palabra, la forma de vida más bella y conveniente. Como se ve, la frontera que separaba la casa y la ciudad separaba también la economía de la política, la necesidad de la libertad y la mera sobrevivencia de la vida humana propiamente dicha. Cada uno de estos ámbitos poseía además su propia forma de organización. La familia era una organización vertical, patriarcal, fuertemente jerarquizada, heredera del clan pastoril, constituida en base a lazos sanguíneos; mientras que la ciudad era un lugar horizontal, conformado por ciudadanos, iguales entre sí. Ser un hombre libre y, por tanto, pertenecer al ámbito de la ciudad, implicaba tanto la liberación de las necesidades impuestas por la naturaleza como la liberación del comando de otros. En la ciudad nadie mandaba ni era mandado, y nada era hecho por pura necesidad u obligación. Esta condición de liberación se denominaba *skholé* (ocio) y su opuesto era la *a-skholia* (negocio).

> Aristóteles distinguía tres modos de vida (*bioi*) que los hombres podían escoger libremente, esto es, con total independencia de las necesidades de la vida y de las relaciones derivadas de esta. Esta condición previa de libertad excluía cualquier modo de vida dedicado sobre todo a preservar la vida –no solo el trabajo, que era el modo de vida del esclavo, coaccionado por la necesidad de permanecer vivo y por el mando de su señor, sino también la vida de fabricación de los artesanos libres y la vida adquisitiva del mercader.

> En síntesis, excluía a todos aquellos que, voluntaria o involuntariamente, por toda su vida o temporariamente, ya no podían disponer en libertad de sus movimientos y actividades. Los tres modos de vida restantes tienen en común el hecho de ocuparse de lo bello, es decir de cosas que no eran necesarias, ni simplemente útiles: la vida del deleite de los placeres del cuerpo, en la cual lo bello es consumido tal y como es dado; la vida dedicada a los asuntos de la *pólis*, en la cual la excelencia produce bellos actos; y la vida del filósofo, dedicado a la investigación y la contemplación de las cosas eternas, cuya belleza perenne no puede ser causada por la interferencia productiva del hombre, ni alterada por el consumo humano. (Arendt, 2016, pp. 15-16).

Es a partir del parentesco etimológico entre *skholé* y escuela, que Rancière puede afirmar entonces que la escuela no es en su origen una institución de "preparación", sino de "separación" del mundo del trabajo.

Si bien es cierto, como se ha dicho, que la palabra escuela deriva de *skholé*, no es del todo exacto decir que escuela signifique simplemente ocio, dado que, como sostiene Arendt, ya en la Grecia clásica la palabra *skholé* poseía un uso general y otro restricto, según el cual, no designaba solo la liberación de las obligaciones del trabajo, sino también la liberación de las ocupaciones ligadas a los deleites del cuerpo y al gobierno de la ciudad, en favor de un uso del tiempo libre estrictamente teorético[24].

---

24. La palabra teoría no debería ser entendida aquí en el sentido contemporáneo, es decir, como discurso explicativo acerca de la realidad, sino más bien como una manera, especialmente atenta y cuidadosa, de mirar o examinar el mundo. La expresión griega *Theoría* deriva de *theoros* (espectador) y está relacionada con los verbos *theoréo* (inspeccionar, examinar, observar) y *theaomai* (contemplar, mirar, visionar), todos formados a partir de la raíz *thea-* (visión). Es importante destacar que tanto *theoréo*, como *theaomai* o *theoreim*, no designan una visión cualquiera, sino un modo de ver atento y minucioso, un modo al que podríamos legítimamente considerar estudioso. Dado que estudiar un asunto no es otra cosa que mirarlo cuidadosamente.

> La palabra griega *skholé*, así como la latina *otium*, significa exención de las actividades políticas y no simplemente tiempo libre, aun cuando ambas sean usadas también para indicar exención del trabajo y las necesidades de la vida. De cualquier modo, indican siempre una condición de liberación de preocupaciones y tareas. (Arendt, 2016, p. 18).

Por eso, sobre el final del fragmento de Rancière citado anteriormente, puede leerse que, entre los hombres libres, algunos aumentaban su disponibilidad, es decir, su tiempo libre, sacrificando tanto cuanto les fuera posible los privilegios y deberes de su condición en favor de una vida contemplativa. Estos hombres libres, eximiéndose de las tareas que la vida política les demandaba, reservaron todo su tiempo para observar, pensar y conversar. Fueron precisamente estos amantes de la sabiduría los que fundaron las primeras escuelas filosóficas, de ahí la relación entre *skholé* y escuela.

Podemos decir entonces que la escuela es fruto de una doble separación: una primera separación, de las actividades necesarias y útiles, que constituyen el mundo del trabajo y del comercio, y una segunda separación, de las actividades libres ligadas al placer y a la administración de la ciudad. En ese sentido habría que decir entonces que escuela no significa exactamente ocio, sino más bien estudio, ya que, en realidad, la palabra griega *skholé* no designa tanto el ocio en general, sino, sobre todo, una manera particular de habitar este ocio, una manera estudiosa.

Defender el carácter público de la escuela significa, por una parte, defender la escuela como un lugar separado y protegido de las demandas y urgencias impuestas por aquello que es meramente necesario, para abrir así un espacio de libertad, de posibilidad, donde se pueda disponer del tiempo y la tranquilidad para hacer otras cosas, es decir, defender la escuela como un lugar de ocio. Por otra parte, implica también transformar el ocio en estudio, es decir, pensar los dispositivos que permiten sostener el ocio en cuanto tal, sin ceder a la tentación de transformarlo en trabajo o en entretenimiento.

¿Pero por qué resulta tan difícil habitar el ocio como tal?

## 2. De la transformación del ocio en estudio: ocio y melancolía

*«De la fuente misma del goce surge un no sé qué de amargo que en medio de las flores produce congoja» (Lucrecio, libro 4, 1134).*

Nos hemos empeñado en pensar que nuestra infelicidad obedece a la imposibilidad de generar y poseer los bienes necesarios para una subsistencia tranquila. Esto es en parte cierto, dado que sin los recursos mínimos necesarios la vida se vuelve humillante y desdichada. Sin embargo, como seres humanos, nuestra vida no pertenece apenas al ámbito de la necesidad, sino también al de la posibilidad, es decir, al de los deseos, los recuerdos, las ilusiones. Vivimos con un pie en lo que es, y otro en lo que fue, en lo que será o en lo que pudo haber sido. Nada duele más que aquello que poseemos en la forma de una ausencia irremediable. Si el ocio es tan difícil de sostener es, precisamente, porque nos confronta con esta dimensión de la posibilidad.

El tiempo libre, para serlo realmente, debe presentarse como un tiempo abierto, es decir, un tiempo de posibilidad. Tener tiempo libre implica haber cortado las amarras con todo lo que nos obliga y obliga al mundo a andar de una determinada manera. En él nada es obligatorio, nada es necesario. De ahí que, en las horas ociosas nos confrontemos con la posibilidad de que las cosas sucedan de una manera u otra, o de que nada suceda en absoluto. Esta ausencia de necesidad conlleva también una cierta intemperie, dado que esta extrema disponibilidad nos deja sin el amparo de una causa necesaria que dirija los acontecimientos del mundo o direccione nuestra iniciativa. En un nivel más profundo, el tiempo libre nos confronta también con la posibilidad de que las cosas tengan un sentido u otro y, en el extremo, con la posibilidad de que nada tenga sentido. De ahí que el ocio esté siempre amenazado por el aburrimiento, la melancolía, la angustia y la desesperación. En un famoso curso, dictado en la universidad de Friburgo, en el invierno de 1929 y 1930, titulado "Los conceptos fundamentales de la metafísica: mundo, finitud y soledad", Martin Heidegger desarrolló un minucioso estudio sobre la experiencia del aburrimiento. Según Heidegger, en el aburrimiento somos retenidos y obligados a confrontar la nada. En las horas de aburrimiento nada sucede, el mundo parece darnos la espalda, nada nos llama, nada nos habla respecto, nada tiene sentido. Pero es precisamente porque podemos experimentar esa ausencia fundamental de sentido, que somos también capaces de dar a las cosas un sentido u otro. En el aburrimiento profundo experimentamos una especie de suspensión entre el sentido y el sin sentido, una experiencia límite, y por momentos insoportable, de la pura posibilidad. El aburrimiento es, en cierta forma, el precio que pagamos por nuestra condición de seres libres, abiertos e indeterminados. La palabra aburrimiento viene del latín *abhorrere* y alude al gesto de apartarse de algo que nos asusta, nos hace temblar, nos pone los pelos de punta. Tal vez eso de lo que intentamos desviar la mirada sea, precisamente, el abismo de nuestra propia potencia.

El tema del peligro que el ocio representa no comienza con Heidegger, su trabajo no hace sino recoger y profundizar una antigua tradición, en la cual la vida contemplativa aparece siempre cercada de tinieblas.

Según una antigua teoría médica y psicológica, que se remonta a tiempos de Hipócrates, existen en el cuerpo humano cuatro humores, responsables por la salud física y espiritual: sangre, flema, cólera y bilis negra (*melas-kholis*), de donde proviene el término melancolía. Se consideraba que los cuatro humores estaban presentes en todos los individuos y la buena salud dependía del equilibrio de dichos elementos. El exceso de uno o varios de estos humores generaba la enfermedad. Los signos fisiológicos del exceso de bilis negra, sin duda alguna, el síndrome más nefasto y temido, incluyen el ennegrecimiento de la piel, de la sangre y de la orina, el ardor del vientre, la acidez, el estreñimiento, las flatulencias, las hemorroides y los sueños absurdos, sombríos y lujuriosos. Entre las enfermedades que puede inducir figuran la histeria, el insomnio, la licantropía, la lepra, la sarna, la demencia y las manías suicidas. El temperamento que deriva de su preponderancia se presenta bajo una luz siniestra: el melancólico es envidioso, ávido, fraudulento, desconfiado, pero, sobre todo, triste y temeroso.

En la cosmología medieval la bilis negra está asociada al elemento tierra, sus cualidades son lo frío y seco, su elemento geométrico la profundidad, además se la asocia también al otoño, el color negro y la vejez. Su planeta rector es Saturno, a quien la iconografía medieval representa anciano, cojo y en el acto de blandir la guadaña segadora de la muerte. Saturno era el emblema del tiempo, que todo lo destruye, y en la tradición griega corresponde a Cronos, el dios que devora a sus hijos. Se lo asociaba especialmente a los instrumentos de disección y de corte (cuchillos, guadañas, machetes, etc.) y a los instrumentos de medición, por su relación con el tiempo. De ahí que fuese el patrono de los carniceros, los matadores de puercos, los asesinos, pero también de los campesinos y los cavadores de tumbas, recordemos su relación con la tierra, lo obscuro, frío, húmedo y profundo. Como puede verse, Saturno y la melancolía evocan en el pensamiento medieval toda una serie de figuras siniestras, ligadas a la oscuridad, la profundidad de la tierra, al paso del tiempo, el temor, la tristeza y la muerte.

Sin embargo, la melancolía fue, desde su origen, un humor extremadamente ambiguo que, según Aristóteles, era predominante en hombres sobresalientes, dedicados fundamentalmente a la vida contemplativa. Numerosos testimonios de la época, recogidos por el estagirita, daban fe de que muchos filósofos y poetas eminentes eran frecuentemente acechados por los morbos asociados al padecimiento melancólico. En su célebre Problema XXX, 1 (1998, p. 953 a 10) Aristóteles plantea explícitamente la cuestión de por qué todos los hombres de genio son también melancólicos. Con esta cuestión se inaugura una discusión que, desde la antigüedad clásica hasta el romanticismo, vinculó tenazmente la vida espiritual y el influjo melancólico.

Existe en esta tradición un episodio especialmente interesante para pensar los peligros del ocio y su necesaria transformación en estudio. A mediados del siglo XV el humanista florentino Marsilio Ficino, inspirado en la doble polaridad del humor melancólico señalada por Aristóteles, asume explícitamente la tarea de expropiar Saturno a los enterradores y delincuentes y transformarlo en el patrono de los artesanos y los estudiosos. En esta operación poética y conceptual tienen especial importancia las herramientas de medición y de corte. Ya Aristóteles había comparado la bilis negra con el vino, que ingerido en pequeñas proporciones resalta nuestro mejor aspecto, pero consumido en exceso nos torna patéticos. Así también, el humor melancólico, cuando es conducido adecuadamente, ofrece una natural propensión al recogimiento interior y al conocimiento. De lo que se trata es de construir las condiciones materiales para que esa experiencia de la propia potencia pueda sostenerse sin naufragar en la angustia. Cornelius Agrippa, otro humanista de finales del siglo XV desarrolla una teoría curiosa a ese respecto. Agrippa dice que la bilis no es originariamente negra, sino transparente y que además es un elemento sutil que permite la comunicación con los ángeles, pero, en determinadas condiciones esta bilis se quema y es esta combustión la que genera el síndrome atrabiliario. Se trata, tanto en Ficino como en Agrippa, de ordenar y dirigir adecuadamente el influjo melancólico y saturnino. La melancolía pasa entonces a ser entendida como un elemento dinámico, capaz de ser organizado y elaborado a través de un código, una gramaticalización del ánimo que permite sostener y elaborar la vida espiritual y las artes que la posibilitan. La cuestión es organizar técnicamente el pasaje del ocio al estudio. Un estudio que es, al mismo tiempo, una disposición anímica, un repertorio de técnicas y un modo de relación con el mundo. Se trata de crear las condiciones que nos permitan habitar nuestra condición de seres abiertos a lo posible, sin naufragar en la angustia.

Recordemos que este giro simbólico y conceptual es concomitante con el desarrollo de las primeras universidades y de la escolástica, lo que nos permitiría suponer que, la formación de lo que siglos después será la escuela moderna, está asociada en parte a esta sutil metamorfosis a través de la cual el ocio es transformado en estudio propiamente dicho. Como dijimos, la escuela no es solo un lugar de ocio, sino sobre todo un dispositivo capaz de transformar el ocio en estudio; no en trabajo, ni en entretenimiento, sino en estudio.

## 3. Sobre la naturaleza del estudio

El estudio, tal como aquí lo entendemos, no constituye un problema epistemológico, sino ontológico. Es decir, no está relacionado con el conocimiento que tenemos acerca del mundo, sino con el mundo mismo.

Antes de ser capturado por una mentalidad fuertemente individualista y adquisitiva, el término *studium* estuvo asociado a la idea de dedicación y cuidado. Estudiar era, básicamente, darse atenta y cuidadosamente a algo. A diferencia del modo en que se lo concibe actualmente, el estudio no estaba relacionado con la adquisición de un saber, sino con un gesto de dedicación. No es casual que, en una sociedad como la nuestra, basada en la propiedad y el consumo, la noción de "estudio" haya sido progresivamente remplazada por la de "aprendizaje". Aun cuando, a primera vista, puedan parecer equivalentes, existe una gran diferencia entre las nociones de aprendizaje y de estudio. Como dijimos al comienzo, la palabra "aprender" deriva del latín *apprehendere*, cuyo significado es el de tomar o capturar. Por eso se puede decir que un policía aprehende un ladrón. El término "estudio" posee un sentido casi antagónico; proviene del latín *studium* y tiene, como ya fue dicho, el significado de cuidado, atención, celo, dedicación o empeño, poseyendo además el sentido de afecto ("*studia habere alicuius*" quería decir "gozar del afecto de alguien").

Como lo refiere Jorge Larrosa en uno de los capítulos precedentes, existe una diferencia fundamental entre aprender una lengua y estudiar una lengua; en el aprendizaje el acento está colocado en el sujeto que aprende, sus inquietudes, deseos y propósitos, mientras que en el estudio el acento recae en la materia a ser estudiada. Se aprende una lengua para viajar, para emprender un negocio, para comunicar una idea; se estudia una lengua por un encantamiento que está más allá de cualquier utilidad. La diferencia no se refiere tanto a la actividad misma, sino, más bien, a la actitud, a la intención o al sentido con que se la realiza. La palabra aprender expresa el deseo de tomar algo del mundo, mientras que el término estudio señala, sobre todo, el deseo de cuidar de algo, de prestarle atención. En ese sentido, podría decirse que el estudioso no se sirve de aquello que estudia, sino que, por el contrario, le dedica su vida, gasta su vida en eso.

Esta distinción entre aprendizaje y estudio nos permite contraponer dos modalidades diferentes de relación con el mundo: una ligada a la apropiación privada y otra al cuidado de un mundo compartido. La primera encuentra su figura paradigmática en el consumo, la segunda en el uso de un mundo común.

Algunos indicios de esta relación, atenta y cuidadosa, todavía pueden ser percibidos en los diferentes usos que la palabra estudio conserva. Usamos habitualmente la palabra estudio para referirnos a un modo de ver, de escuchar, de sentir, un "estado de espíritu" que implica cierta atención al mundo. En ese sentido decimos que alguien no debe ser incomodado porque está estudiando. También utilizamos la palabra estudio para designar un cierto tipo de ejercitación, tendiente al perfeccionamiento técnico de un arte. Esto aparece con claridad cuando consideramos los Estudios de manos de Durero, los Estudios de caballos de Leonardo o el Estudio Op. 25 n.º 6 de Chopin. En estos casos, el término remite a un tipo especial de obra, dedicada a la exploración de un tema, en la que el artista insiste sobre una técnica, experimenta con diversos materiales o investiga variaciones de forma, luz, color, perspectiva o composición. En tercer lugar, usamos el término estudio para referirnos a un lugar, un arreglo de tiempo, espacio y materialidad, capaz de construir una cierta atmósfera, donde el estudio se hace posible. En ese sentido nos referimos a un estudio de música, de cine, de arquitectura o, simplemente, a aquella sala silenciosa y amigable, en la cual nos podemos retirar para concentrarnos en la lectura, la escucha atenta de una música o la contemplación de una pintura. Por último, el estudio define también un conjunto de hábitos, es decir, la manera en que sostenemos cotidianamente esta inclinación amorosa a un determinado asunto, la manera en que nos apropiamos y cuidamos de una determinada parcela del mundo.

## 4. La técnica como lugar de creación de un mundo común

Los seres humanos no habitamos un medio ambiente, sino un "mundo". Este mundo no es algo dado, sino construido a través de técnicas y herramientas. Casas, templos, monumentos, pinturas, libros, comidas y vestimentas, todo nuestro mundo es fruto de una elaboración material y simbólica. Por eso, establecer una relación con el mundo, con un mundo compartido, implica el conocimiento y la intervención en este mundo común.

En una conferencia de 1953, Martin Heidegger se pregunta acerca de la naturaleza de la técnica y de lo que en ella está realmente en juego para el ser humano. Sostiene entonces que no es posible comprender la técnica como algo meramente instrumental, es decir, como un simple medio para alcanzar un determinado fin. Si así lo hiciésemos jamás alcanzaríamos una comprensión adecuada del obrar humano. Aun cuando la técnica se sirva de instrumentos, ella misma no es, de manera alguna, algo meramente instrumental, sino una manera de revelar mundos posibles. El músico, con su arte musical, devela un mundo de timbres, ritmos y melodías, que sin su arte jamás llegarían a existir para nosotros. Del mismo modo el carpintero, el cineasta o el arquitecto, a través de su obrar, dan forma al mundo que habitamos. Por eso, la técnica no es, en su esencia, un medio para satisfacer necesidades, sino una manera de dar forma y traer a la presencia un mundo potencial. Cuando la técnica es pensada como un medio para satisfacer necesidades exteriores al mismo obrar, dejamos de comprender el sentido de la acción humana. Lo propio del ser humano no es apenas sobrevivir en sentido biológico, sino darse a sí mismo una forma de vida. La vida humana no está determinada apenas por lo necesario, sino sobre todo por lo posible. Cuando se subordina el obrar humano (y las técnicas que lo hacen efectivo) a la mera satisfacción de necesidades o resolución de problemas, se pierde el carácter creador (*poietico*) del hacer humano. En ese sentido, atender al mundo no equivale a satisfacer necesidades o dar respuesta a problemas prácticos. El estudio, entendido como cultivo y perfeccionamiento de un arte, no es una cuestión meramente económica, sino profundamente política y existencial, dado que es a través de una técnica particular que alguien se vuelve un individuo capaz de intervenir en la formación de un mundo común. Como lo recuerda Richard Sennett (2015, p. 32), en la Grecia arcaica los artesanos eran llamados *demioergos*, una combinación de *demios* (público) y *ergon* (producción). Podemos percibir en esta denominación el reconocimiento de estos artesanos, entre los que se contaban aceiteros y carpinteros, pero también músicos, mensajeros y médicos, como aquellos que creaban, por medio de su arte, un mundo común.

En nuestros días la capacidad de intervenir en el mundo de un modo hábil parece haber sido desplazada por las máquinas. Ya no parece necesario aprender a hacer algo con destreza, porque para cada actividad existe una máquina que lo hace de modo más eficiente, es decir, más rápido, más barato y con un alto patrón de calidad. La celebración que habitualmente se hace de esta economía de esfuerzos se apoya en la idea de que la técnica no es más que un medio para satisfacer una necesidad, para suplir una carencia, de tal modo que, si hay una máquina que me ahorrará el trabajo, para qué tomarme la molestia. Sin embargo, si consideramos por un instante la idea de que la técnica no es un instrumento, sino el lugar donde se hace efectiva nuestra posibilidad de crear mundo, queda claro que, renunciar al cultivo de una destreza, disminuye nuestra posibilidad de producir una forma de vida plenamente humana. Cuando en una fiesta existen personas capaces de tocar instrumentos musicales y recordar un cierto cancionero popular, la fiesta gana riqueza y singularidad. Cuando no existen estas personas hay que conformarse con escuchar música grabada, pero la música grabada suena independientemente de nosotros, faltan ahí los músicos que aceleran y lentifican el andamiento musical en atención a la tristeza o el entusiasmo que entrevén en la mirada del cantante. No es lo mismo cantar nuestras penas y alegrías acompañado por músicos amigos, que hacerlo sobre un disco que gira indiferente. Saber hacer algo significa tomar el mundo en las propias manos y así poder compartirlo.

## 5. Sobre el cultivo y la transmisión de un arte

Un oficio presupone la adquisición de un repertorio y éste está constituido por conocimientos y destrezas. Conocimiento de los materiales relacionados con el oficio. Por ejemplo, un lutier debe conocer las características de las materias que serán empleadas en la confección del instrumento: maderas para el cuerpo, tripas, nilón o metal para las cuerdas, etc. Además, debe saber cómo estos materiales se comportan con relación a la materia sonora, pues, para un constructor de instrumentos, el sonido no es menos material que la madera. Se trata de un conocimiento sensible, que se produce en un cuerpo a cuerpo con las cosas. El lutier conoce los nombres y las características de los materiales empleados, pero si es bueno en su oficio, su trato es con la materia misma, con la singularidad de cada objeto, con sus accidentes y rugosidades. Él no trabaja la madera en general, sino ese trozo de madera en particular. Además, debe conocer sus herramientas y el modo correcto de emplearlas, cuidarlas y, en ocasiones, construirlas. Un carpintero reconoce las maderas duras y las blandas, las que poseen astillas traicioneras y las que se dejan moldar dúctilmente, pero también conoce el metal de sus herramientas, reconoce los hierros duros y los dulces, los que son capaces de adquirir un filo duradero y los que no lo son, sabe del comercio incestuoso que existe entre la madera y el metal, el metal y la piedra. Sabe cómo estos elementos son sensibles al calor y al frío, a la humedad, sabe de la importancia del agua durante el afilado, sabe las propiedades que el aceite o la cera poseen en relación con el metal y la madera. El mundo del carpintero es un mundo poblado de relaciones de amor y de odio entre los elementos, de atracciones y rechazos. Un mundo de secretas resonancias.

Pero no se trata sólo de materiales, este mundo es también un mundo de formas puras (triángulos, rectángulos, círculos), por eso utiliza una regla, una escuadra, un compás; y de formas ejemplares, contenidas en las obras clásicas legadas por la tradición. El mundo es ambiguo y porfiado, por eso sus herramientas prenden, cortan, desbastan, pero también miden, enderezan, lijan, unen y separan. Pues en el fondo se trata de colocar la materia en una forma, de determinar lo indeterminado, de actualizar una virtualidad. Los antiguos griegos llamaban a la materia *hyle*, que significa originariamente, "madera". Sin embargo, como lo refiere Vilém Flusser en su *Filosofía del Diseño*:

> …cuando los filósofos griegos eligieron la palabra *hyle* (para decir materia) no pensaban en la madera en general, sino en un tipo particular de madera amontonada en el taller del carpintero. En efecto, lo que los movía era el deseo de

encontrar un término que pudiese expresar lo opuesto a la palabra 'forma' (en griego *morphé*). (2010, p. 15).

La palabra materia no era utilizada entre los antiguos griegos para designar lo objetivo o lo concreto, sino lo amorfo, y su contrario no era lo subjetivo o lo irreal, sino la forma. Materia y forma son dos dimensiones de la manifestación del mundo, el arte del carpintero consiste en traer una materia a la presencia a través de una forma, porque todo lo que se manifiesta ha de manifestarse en una forma. Pero la relación entre forma y materia no es arbitraria, una materia no admite cualquier forma y es en esta sutil relación donde se mueve cualquier creación. El problema central en el cual se juega nuestra relación con el mundo no debe ser buscado en la relación entre un sujeto y un objeto, o entre lo abstracto y lo concreto, sino en la relación entre lo amorfo y la forma. La gran diferencia entre el cultivo de un arte y la mera información es que la segunda no precisa respetar el mundo, no dialoga con él y, por lo tanto, carece de fuerza y vitalidad. El arte, en cambio, está siempre en relación a algo exterior, algo independiente y ambiguo. El mundo no es lo que nosotros pensamos o decimos de él, su realidad siempre se nos escapa; tampoco se curva fácilmente a nuestra voluntad, pero precisamente por eso es la fuente de toda vitalidad. Poseer un repertorio implica conocimiento y este conocimiento es al mismo tiempo conocimiento de las materias y de las formas, es también conocimiento de las palabras que las nombran, pero que jamás las sustituyen. Pues conocer el nombre y las características del roble no equivale a saber lidiar con una pieza de roble en particular. Un artesano entiende o busca entender la íntima relación entre materia y forma, para intervenir en esta relación. Al trabajar con una madera particular el carpintero deberá respetar el sentido de las vetas, los nudos y esgrimir sus herramientas con cuidado, para hacer de un accidente natural una virtud utilitaria o estética.

Una relación atenta con las formas, los materiales, las herramientas y los procedimientos, acabará ofreciendo razones para la acción. Ningún artista o artesano hace algo sin preguntarse por qué razón lo hace. Muchas de sus razones son dadas por la propia materia, pues un buen artista sabe siempre obedecer la materia, jugar con ella sin humillarla, ni humillarse. Otras razones nacen de las circunstancias, es decir, de la interacción entre los elementos contingentes de cada una de las materias en juego. Un albañil que se precie sabe por qué debe construir una fundación antes de erguir las paredes de una casa y por qué utiliza un nivel y una plomada para esta labor y cómo influye el clima húmedo o seco en su trabajo. Un cirujano sabe por qué necesita esterilizar las herramientas antes de un procedimiento quirúrgico, y un músico, sabe por qué no debe dejar su instrumento al sol. Las razones vienen de la materia y su dinámica; el mundo nos ofrece razones, pero hay que saber escuchar, por eso una obra necesita tiempo, atención y respeto por los materiales empleados, es decir, precisa de un cierto tipo de amor, que se sostiene en el tiempo y se confunde con la actividad misma.

## 6. La adquisición de una destreza

Un repertorio presupone conocimiento, pero también la adquisición de una destreza. Adquirir una habilidad no es lo mismo que conocer algo, pues la habilidad implica hacerse uno con aquello que se realiza, implica devenir materia por medio de la repetición. Un buen bailarín se deja poseer por el ritmo, la melodía, el tono emotivo de cada nota, su colorido, su timbre, pero no lo hace al acaso, sino abrazando o destruyendo ciertas formas, él mismo ha de devenir forma y afecto para poder danzar. Un fotógrafo debe hacerse uno con la luz y las sombras, recrear y recrearse en el tiempo y el espacio que su imagen captura, debe hacer de la lente una parte de su cuerpo, prolongarse en ella y componer con ella un nuevo cuerpo fotosensible. Sin esta intimidad, jamás podrá revelar un mundo para los demás. Para obtener una habilidad hay que devenir cosa, hay que ser aquello que se admira, hay que hacerse parte del mundo y su dinámica. Casi se diría que no somos nosotros los que poseemos una habilidad, sino ella la que nos posee, ya que somos más bien nosotros los que nos conſtruimos a través de los geſtos y las sensaciones que eſta habilidad presupone. Tal vez eso es lo que Ariſtóteles evocó en la *Poética* con la palabra mimesis, que significa, por cierto, mucho más que "copia".

La atención es el medio por el cual devenimos mundo y así nos hacemos hábiles. La atención cambia la escala del mundo y opera una metamorfosis del espacio y del tiempo. Me recuerdo de niño, jugando con mis soldaditos en un charco de agua; recuerdo ese mundo, recuerdo el viento en la cara mientras navegaba por aquel inmenso océano, recuerdo la aldea de la coſta donde tuve una granja, mujer e hijos, aquel mundo maravilloso aún exiſte para mí, y tiene la misma intensidad que los viajes de pesca con mi padre. Poco importa si uno exiſtió de hecho y otro lo imaginé, pues en el fondo todo lo vivimos imaginándolo. La atención de mis juegos de infancia tuvo el poder de cambiar la escala del mundo, y el mundo a otra escala es otro mundo, tuvo la fuerza de multiplicar lo real, sin traicionarlo. La mímesis no es una representación de la realidad, sino su transfiguración amorosa. Ninguna habilidad se consigue sin esa fuerza mimética, sin esa pasión que nos hace ser aquello que amamos. Eſto es también lo que los medievales llamaban "simpatía". La simpatía no era para ellos un sentimiento, es decir, un eſtado psicológico del individuo, sino una fuerza cósmica que daba al mundo su consiſtencia y su dinámica. Una deſtreza sólo se adquiere por la fuerza de una simpatía que nos lleva a contagiarnos del mundo, a participar de sus formas, sus texturas, sus fuerzas. Eſto nada tiene que ver con lo que actualmente se piensa como un problema motivacional, la motivación es de orden psicológico y sus fines tienen más que ver con la administración de los deseos ajenos, que con la atención al mundo. La simpatía, en tanto principio de transfiguración del mundo, no es de orden psicológico sino ontológico. No se refiere al sujeto, sino al mundo del cual eſte participa. No se trata de seducir una conciencia, sino de que ésta pueda fundirse en lo real. Adquirir una destreza no depende de la voluntad, la motivación o la virtud de un sujeto, sino de su capacidad de dejarse contagiar por las cosas y disolverse en lo que hace, es decir, con su capacidad de prestar atención. Prestar atención es diferente a ser entusiasmado por una novedad. Esto es lo que hace la publicidad, llama nuestra atención. Pero para el desarrollo de una destreza la atención debe sostenerse en el tiempo y esto no lo garantiza aquello que se presenta como meramente novedoso, exuberante o sorprendente, sino la capacidad de, parafraseando a Alejandra Pizarnik, "…mirar una rosa hasta pulverizarse los ojos" (2004, p. 125). Existe una profunda reciprocidad entre atención e insistencia: sólo aquel que está muy atento es capaz de repetir infinitamente los mismos gestos. Los sujetos distraídos acostumbran a sentir que cualquier repetición es rutinaria. Porque es precisamente la atención la que hace la diferencia entre el ritual y la rutina. No existe estudio sin ritualidad, pero la distracción y la impaciencia hacen de cualquier ritual una simple rutina, un gesto mecánico y vacío, destruyendo toda posibilidad de desarrollar una habilidad.

## 7. Participar de una tradición

Como seres humanos, nuestro mundo no está hecho de simples cosas, sino, sobre todo, de objetos y artefactos, es decir, de cosas preñadas de tiempo y labor. Por eso, participar del mundo, fundirse con él, implica también participar de una memoria del mundo, contenida en las obras, las herramientas y los procedimientos. Pues toda actividad humana recoge en su desarrollo la memoria de aquello que fue hecho antes, esto es, participa de una tradición. La tradición no es algo que se conoce, ni algo que se posee; una tradición es más bien algo de lo cual se participa. Resulta un poco insensato aquello de declarar una determinada actividad como patrimonio inmaterial de un pueblo, creyendo que con eso se la salva del olvido. Por ejemplo, el ritual del asado en la tradición gaucha y el conjunto de técnicas y sentidos que lo constituyen no es algo que se pueda preservar como se preserva un edificio o un monumento. Un asado es algo de lo cual se participa y ningún argentino, uruguayo o brasileño pensaría que protege un patrimonio cultural cuando un domingo come un asado con su familia, si así lo hiciera sería una muestra de que ese ritual dejó de ser parte de su cultura. Pues la tradición no es algo que se posee, sino algo en lo cual se está. Cuando un artesano realiza su labor, sus manos recuerdan las labores de aquellos que lo precedieron. En una manta quechua de Cusco, es posible percibir la particular experiencia del tiempo de los pueblos andinos y en la estilística sanguinolenta de la pictografía cusqueña podemos sentir todavía hoy el dolor de la conquista.

El repertorio es un sedimento dejado por la acción humana. Este resto se encuentra, sin duda, en la memoria motriz, afectiva, figurativa y conceptual de aquel que cultiva una actividad. Utilizamos a veces la palabra "experiencia" en este sentido y decimos que un médico experimentado es aquel que ejerce su profesión desde hace mucho tiempo y posee el conocimiento y dominio de ciertas habilidades médicas. Pero, al mismo tiempo, estos vestigios yacen también en las obras, en los procedimientos y en los propios instrumentos de trabajo, es decir, en los artefactos culturales que conservamos y recreamos en cada actividad. Estos elementos que recibimos de la tradición y de nuestra propia historia personal no constituyen por si mismos un arte, sino apenas sus restos y por eso deben ser reanimados nuevamente en cada trabajo. Por eso un arte no se puede poseer, sino que se debe cultivar, puesto que lo que se posee de un arte son solo restos somnolientos. Así como se puede poseer un campo y no cultivarlo, se puede también poseer un instrumento musical y no tocarlo o una biblioteca sin leer un solo libro. El cultivo es una relación con las cosas, no una posesión. No está de más recordar que la palabra cultura es un derivado de la palabra latina *colere*, cuyo sentido originario es justamente el de cultivo, labranza, labor. Lo que caracteriza el cultivo no es la posesión de la tierra, sino la atención y el cuidado con la vida que se desarrolla en ella. Puede decirse entonces que no es culto quien posee, sino quien atiende, es decir, quien mantiene una relación fecunda y vital con los restos que ha recibido del pasado.

## 8. Sobre la transmisión

Se pueden dar y recibir las herramientas, los materiales y algunas obras ejemplares, se pueden mostrar y conocer algunos procedimientos, los nombres de las cosas y las características generales de los elementos empleados en el trabajo, pero no se puede dar o recibir el sentido del mismo, ni la relación singular que une a cada sujeto con el arte que cultiva. El repertorio es un vestigio y como tal, no constituye más que un residuo que, forzosamente, debe ser actualizado en una relación singular, única e irrepetible. Sin esta vivificación de los vestigios recibidos jamás existirá cultivo, esto es, cultura, arte, en sentido pleno. Una teoría de la transmisión debería ser capaz de distinguir, dentro del cultivo de un arte, aquello que se puede poseer y así dar y recibir; aquello que sólo se puede conocer y, por tanto, mostrar, sin jamás llegar a poseerlo; y aquello que es necesario sostener, seguir, cuidar o cultivar (y que no es posible poseer ni mostrar). Por último, digamos que existe en todo arte algo que no puede ser poseído, mostrado, ni producido y que, por tanto, no puede ser objeto de transmisión, pero que, no obstante, constituye una especie de brújula para cualquier artífice. Ese algo sólo puede ser convocado, en el sentido en que se convoca un espíritu. Su aparición es incierta y frente a este elemento solo cabe, en todo caso, hacerse dignos de su presencia. A falta de mejores palabras llamémosle verdad o, simplemente, belleza.

## 9. Lo inapropiable

En un texto de Walter Benjamin, de 1916, intitulado "Apuntes para un trabajo sobre la categoría de justicia" citado por Giorgio Agamben, se establece una curiosa conexión entre el concepto de justicia y de inapropiabilidad. Ningún orden de propiedad (escribe Benjamin), independientemente de cómo se quiera concebirlo, puede llevar a la justicia. El carácter de propiedad compete a todo bien limitado en el espacio y el tiempo. La propiedad, en cuanto presa en su propia finitud, es siempre injusta. La justicia consiste sobre todo en la condición de un bien que no puede ser apropiado. Y enseguida, agrega Agamben, si recordamos que la justicia, en el pasaje inmediatamente precedente, coincide con la condición de un bien que no puede ser apropiado, hacer del mundo un bien supremo sólo puede significar experimentarlo como absolutamente inapropiable.

El carácter público de la escuela se juega, precisamente, en la posibilidad de presentar el mundo y ofrecer las técnicas que nos dan acceso a él, manteniéndolo como algo inapropiable. La escuela, en su forma originaria, es un dispositivo capaz de transformar el ocio en estudio, no en trabajo, sino en estudio. La escuela que el neoliberalismo propone, por el contrario, pretende transformar el estudio en aprendizaje (o en investigación) y, el propio aprendizaje en trabajo y consumo, despojándolo así de su carácter ocioso. De esta manera también retira de la escuela su carácter común, ya que la transforma en un mecanismo de apropiación privada, un medio para aumentar el patrimonio personal. La escuela pública no se define como común, simplemente porque todas las instituciones escolares trabajen con el mismo currículo; no es común por su contenido, sino por su forma, porque en ella el mundo permanece inapropiable. Si la escuela se define a sí misma como gratuita, no es simplemente porque no debamos pagar una cuota mensual, sino porque lo que en ella se hace, se hace gratuitamente, es decir, se hace por sí mismo y no por el lucro que se obtendrá de ello. Gratuidad viene de gracia y la gracia es una idea antigua, que pertenece a la órbita teológica; la gracia es un don divino, que no hay que ganarlo, ni merecerlo. Tal vez, la escuela sea todavía una de las pocas instituciones capaces de semejante don, donde la vida no deba ganarse, ni merecerse, sino que se ofrece gratuitamente, en toda su generosidad y abundancia. La escuela concebida como preparación para el mercado de trabajo, no solo reduce los seres humanos a una mercancía (fuerza de trabajo), sino también empobrece el mundo.

Hace ya mucho tiempo que la humanidad desarrolló los medios necesarios para satisfacer las necesidades que la naturaleza nos impone, si aún subsiste la pobreza, el hambre, la violencia y la humillación, no es por falta de recursos materiales ni medios tecnológicos. El problema no está en la dimensión de lo necesario, sino en la de lo posible. En la dimensión del deseo, de la angustia, de las ilusiones. En nuestra imposibilidad de habitar un mundo verdaderamente común, es decir, de mantener con las cosas, los demás y con nosotros mismos una relación justa, de hacer del mundo un bien supremo, un bien realmente común, un bien inapropiable.

## Referencias bibliográficas

AGAMBEN, G. (2006). *Estancias: la palabra y el fantasma en la cultura occidental*. Valencia: Pre-Textos.

AGAMBEN, G. (2007). *Lo abierto*. Buenos Aires: Adriana Hidalgo.

AGAMBEN G. (2017). *O uso dos corpos*. São Paulo: Boitempo,

AGRIPPA, C. (2008). *Tres libros de filosofía oculta*. São Paulo: Madras.

ARENDT, H. (2016). *A condição Humana*. Rio de Janeiro: Forense Universitária.

ARISTÓTELES (1998). *O homem de gênio e a melancolia*. Rio de Janeiro: Lacerda Editores.

BURTON, R. (2015). *Anatomía de la melancolía*. Madrid: Alianza.

FLUSSER, V. (2010). *Uma filosofia do design: a forma das coisas*. Lisboa: Relógio D´Água.

HEIDEGGER, M. (2015). *Os conceitos fundamentais da metafísica: mundo, finitude, solidão*. Rio de Janeiro: Forense Universitária.

HEIDEGGER, M. (1994). "La pregunta por la técnica". En: *Conferencias y artículos*. Barcelona: Ediciones del Serbal.

PIZARNIK, A. (2004). *Poesía completa*. Buenos Aires: Lumen.

RANCIÈRE, J. (1988). *École, production et egalité*. En Autor, *L'école de la démocratie*. Paris: Ediling.

SENNETT, R. (2015). *O Artífice*. Rio de Janeiro: Record.

# CINCO

# SOBRE FORMAS DE HACER:
# EL ESTUDIO Y EL OFICIO
# DE PROFESOR*

*Caroline Cubas y Karen Rechia*

*«Estudiar es, realmente un trabajo difícil, requiere
de quien lo hace una postura crítica sistemática.
Exige disciplina intelectual que no se gana a no ser
practicándola» (Freire, 1981, s/p)*

Se ha vuelto común, en los últimos tiempos, la apresurada afirmación de que los profesores necesitan adaptarse a los tiempos modernos. En nombre de este imperativo, se han instituido varios dispositivos de control y evaluación, y nuevas tecnologías fueron adoptadas como salvaguarda de un futuro, impulsando a profesores y profesoras al dominio de herramientas que les permitieran hacer sus clases menos aburridas. Esta afirmación es fácilmente observable cuando trabajamos en la formación docente inicial y nos encontramos con alumnos y alumnas que, obstinadamente, buscan incorporar el uso de tales tecnologías con la esperanza de que garanticen, de alguna forma, éxito o interés por la clase planificada. Normalmente, las primeras experiencias son suficientes para demostrar que las tecnologías, por sí solas, no hacen una clase, y que el oficio de profesor está constituido por saberes y hechos que anteceden y trascienden la elección de métodos supuestamente redentores (Masschelein y Simons, 2015; Biesta, 2017; Fernández Liria,

---

*. Traducción al español: Daniel Pattier.

García Fernández y Galindo Ferrández, 2017; Larrosa, 2018). En este texto, abordaremos algunos de estos hechos. Nuestra intención, al pensar el trabajo del profesor como un oficio, será resaltar, entre sus gestos característicos, el del estudio. Para ello, iniciaremos con la presentación de relatos y acontecimientos provenientes de nuestra labor como profesoras en la formación docente inicial, destacando la relevancia del estudio como un gesto, como un modo de vida y como un elemento constitutivo del oficio que debe darse en los años iniciales de la formación.

En un segundo momento presentamos unas notas sobre la formación inicial del docente y la condición del profesor en el tiempo presente. Dichas notas pretenden, en términos generales, destacar algunas características, limitaciones y presentar las proposiciones que subsidian nuestra mirada hacia este oficio. De este modo, al pensar a partir de nuestras actividades en la formación docente inicial, exigimos reparar en aquello que nos une, en un linaje, a nuestros maestros. El diálogo que encarna este texto acontece entre profesoras.

Se inició en 2016, con ocasión de un conjunto de actividades relacionadas con el proyecto *Elogio de la Escuela*[26] y por el trabajo con la formación docente inicial a través de una colaboración entre el *Colégio de Aplicação* de la *Universidade Federal de Santa Catarina* y el *Departamento de História* de la *Universidade do Estado de Santa Catarina*[27]. Tal asociación se

---

26. El proyecto «Elogio de la Escuela» consiste en un conjunto de actividades dirigidas a pensar la escuela en su dimensión pública, sus espacios, tiempos, gestos y materialidades. En 2016 el proyecto organizó el «Iº Seminario Internacional Elogio de la Escuela», precedido por un seminario preparatorio dedicado al estudio del libro *En defensa de la Escuela: una cuestión pública* (2015), de Jan Masschelein y Maarten Simons. Éste, impartido por el profesor Jorge Larrosa, en el mismo año promovió igualmente un ciclo de cine y un ejercicio teórico y práctico, titulado «Derivas» que, a través de lecturas, ejercicios y experiencias, proponía diseñar una escuela. Tales actividades resultaron en la obra titulada *Elogio da escola*, publicada por la editorial Auténtica en 2017 y *Elogio de la Escuela*, publicada por Miño y Dávila editores en 2018.

27. Ambas instituciones públicas están ubicadas en la ciudad de Florianópolis, en Santa Catarina, estado de la región sur de Brasil.

refiere, entre otras actividades, al seguimiento de las Prácticas Curriculares Supervisadas en Historia, etapa fundamental de la formación docente inicial. En estas prácticas, los estudiantes de la segunda mitad del curso de licenciatura deben dedicarse al oficio de profesor, en sus diferentes dimensiones. Para ello, cumplen una extensa carga horaria en instituciones escolares y dedican tiempo a la observación de los espacios, de los alumnos, de las clases y, finalmente, asumen la condición docente, siempre acompañados por las profesoras de la Unidad Escolar y de la Universidad[28]. Nuestra actuación como profesoras que acompañan y orientan este proceso, en la Escuela y en la Universidad, nos permite no sólo la observación de innumerables inicios –el inicio de cada uno de los estudiantes–, sino, especialmente, la apertura a una experiencia que tiene algo de atípico y de ordinario, a saber, la experiencia de percibirse como profesoras que forman profesores (Cubas y Rechia, 2017). Esta experiencia nos instaura en una curiosa condición, en la medida en que nuestra materia de estudio es, también, nuestra profesión.

## 1. El estudio como gesto pedagógico. ¿Qué hace que un profesor (también) sea profesor?

Al entender el trabajo del profesor como un oficio, al identificar ciertos modos de hacer, pasamos también a comprender que el mismo sólo es posible o sólo es capaz de habitar un espacio escolarizado. En la obra *En defensa de la escuela: una cuestión pública*, Simons y Masschelein (2015) apuntan varios elementos que componen una concepción de lo que es lo «escolar», que nos inspira y orienta. Elegimos seguir este itinerario en el sentido de considerar las materialidades involucradas en acciones y prácticas docentes en el ámbito escolar.

---

28. Las Directrices Curriculares Nacionales para la formación inicial del profesorado de nivel superior deberán contar con 400 horas dedicadas a prácticas supervisadas.

Los autores reivindican la escuela como un lugar del tiempo libre o, mejor dicho, la escuela como institución que, a través de la combinación peculiar entre tiempo, espacio y materia, crea una forma que comporta un tiempo libre y suspendido de la sociedad, la democratización de un tiempo libre. Tenemos aquí la noción de *scholè*, apropiada y referenciada en este texto.

Al devenir el conocimiento materia de estudio, *se suspende* una cierta utilidad, se separa este conocimiento de su uso convencional y de la apropiación por los grupos sociales. La suspensión evidencia la separación de tiempos y espacios que la escuela promueve –al menos en su acepción griega– y hace que «los niños puedan aparecer como alumnos, los adultos como profesores, y los conocimientos y habilidades socialmente importantes como materias de la escuela» (2015, p. 36). Con todo, cuando algo es alejado de su uso habitual y puesto a disposición para el estudio, el elemento que surge sería el de la *profanación*. Profanar es hacer público, poner a disposición las cosas «para un uso libre y nuevo», poner algo *sobre la mesa* (2015, pp. 40-41). La suspensión y la profanación permiten un tercer elemento que es el de promover la atención, de crear el interés por el mundo. Pero el interés aquí no es comprendido como una elección, una motivación personal, sino como algo que está fuera de nosotros, que nos lleva a estudiar, para lo cual nuestra atención debe ser orientada, en este caso, al propio mundo.

Un cuarto componente se refiere a la tecnología, considerada tanto en sus artefactos –como la silla y la mochila, la pizarra, el libro y ambientes como el aula, la propia escuela–, como en los métodos de enseñanza, los dictados, las presentaciones orales, los ejercicios variados, los exámenes, entre otros. La proposición fundamental aquí no es considerar las tecnologías como instrumentos formadores en serie, ni tampoco como técnicas manipuladoras al servicio de una generación y de sus ideas políticas. En palabras de los propios autores «las tecnologías de la educación escolar son técnicas que, por un lado, comprometen a los jóvenes y, por otro, presentan el mundo; es decir, enfocan la atención en algo» (2015, p. 65). Y, de cierta forma, es lo que hace posible el tiempo libre.

Otra noción inherente al espacio escolar es la de *igualdad*, y ésta se refiere a una igualdad como principio, en el sentido que la coloca Rancière en *El maestro ignorante* (1991), de un *ser capaz de*. No se trata de negar las cuestiones individuales, el contexto del alumno, las diferencias intrínsecas al proceso de enseñanza, sino de tomar la igualdad como algo práctico, inherente al trabajo del profesor y de la escuela, que «coloca a todos en una posición inicial igual y proporciona a todos la oportunidad de comenzar» (2015, p. 71). En este sentido, es el profesor quien *verifica* cotidianamente esta igualdad, quien separa las cosas de su uso normal y las presenta a los estudiantes, y los desafía a la «capacidad y la posibilidad de hablar (de una manera nueva, original, que crea nuevos vínculos entre palabras y cosas), de actuar, de ver, etc.» (2015, p. 70). Es el profesor que cree, antes incluso de la escuela, que todo alumno puede interesarse por algo, y que las formas de diferenciación se dan a partir de esa premisa, y no al contrario.

Y es a partir de la figura del profesor que, como sexto destaque, Masschelein y Simons hablan del profesor *amateur*. El punto aquí no es desacreditar al profesor como profesional, sino, como ya inferimos antes, agregar a su papel un intrínseco *amor por el asunto*, por la materia de estudio y que, consecuentemente, involucra a sus alumnos. Al mismo tiempo es un amor que no puede ser enseñado: ni a sus alumnos, ni a los profesores que él forma. Tal vez lo que él puede, en un gesto igualmente potente, es «cerrar la puerta del aula» e intentar producir allí una *presencia en el presente*, en ese lugar temporal en el que queremos que nuestro alumno se sitúe, que puede ser alcanzado, en parte, por los ejercicios y materiales, por una cierta disciplina, cuya posibilidad depende, en mucho, del profesor y de su propia presencia.

Pennac nos da algunas indicaciones de lo que puede componer esta presencia:

> Es inmediatamente perceptible la presencia del profesor que habita el aula. Los alumnos la perciben desde el primer minuto del año, todos tenemos esa experiencia: el profesor acaba de entrar, él está totalmente allí, y eso se ve por su manera de mirar, de saludar a los alumnos, de sentarse, de tomar posesión de la mesa. Él no se dispersó por miedo a sus reacciones, él no está cerrado en sí mismo, no, él está dentro de lo que hace, al principio él está presente, distingue cada cara, la clase existe bajo su mirada. (Pennac, 2008, p. 105).

La presencia del profesor, ciertamente, está relacionada con su experiencia y con su conocimiento, pero nos llama la atención, en la formación inicial, que ésta también puede ser *ejercitada* en ese estar en el aula, en esta preparación de la clase y de sí para este momento. En este empeño de estar en clase, otros saberes y recursos son movilizados; un cierto tipo de disciplina y de técnicas –no las que se separan del propio hacer y por eso son formas vaciadas sino las que afluyen para el estudio, el interés y la atención.

En consecuencia, los autores abordan *una cuestión de preparación*, para inferir que la escuela es un lugar de preparación. Pero no una preparación que apunta al mercado de trabajo o la entrada en la universidad –aunque estas perspectivas también atraviesan el ambiente escolar y las varias ideas de escuela que los diferentes grupos que actúan en la escuela poseen–, sino una preparación en sí. Y ese estar bien preparado, estar en forma, gira en torno a la *materia*, que involucra, como defendemos en este texto, el estudio y la práctica. Se puede decir, incluso, que es un tipo de «aprendizaje sin una finalidad inmediata» (2015, p. 91).

Por último, la cuestión que encierra, o al menos delimita, cierta forma de lo que es lo escolar se refiere a la *responsabilidad pedagógica*. En esta cuestión se da una idea de formación y educación, que para los autores difiere de la socialización o del desarrollo de talentos, puesto que «se trata de abrir el mundo y traer el mundo (palabras, cosas y prácticas que lo componen) a la vida» (2015, p. 98). Y el espacio escolar sería este tiempo y espacio liberados para el propio encuentro con el mundo que, por otro lado, no es un encuentro individual, pues no es de un interés o del mundo inmediato de cada uno, sino de una dimensión democrática y política que presenta este mundo compartido.

La responsabilidad pedagógica se evidencia, por un lado, en suspender la función inmediata de las cosas en la formación del alumno, y por otro, en despertar un interés *a las palabras, a las cosas y a las maneras de hacer* que impulsan un mundo común. Reiteramos que nuestra intención, al evidenciar estos aspectos, es la de traer a la luz elementos que nos ayuden a mirar a la escuela y al aula como espacios formadores de las alumnas y de los alumnos en la experiencia de la docencia. No se trata de enunciar –como dicen los propios autores– una escuela ideal, sino de explicitar «lo que hace que una escuela sea una escuela, y, consecuentemente, diferente de otros ambientes de aprendizaje (o de socialización, o de iniciaciones)» (2015, p. 29).

## 1.1. El aula como un lugar público

Al subrayar la importancia de esta concepción, diversas observaciones emergen de los cuadernos de anotaciones de los alumnos en prácticas:

> ... Así, por tener una clase con una profesora y observar la clase de la otra, existen momentos donde lo que discutimos en la disciplina con la profesora Carol acaba por aparecer en la metodología y ejecución de la profesora Karen, ayudándonos a comprender conceptos y discusiones que, a veces, tienden a la abstracción. Podemos observar entonces cómo la investigación también interfiere en su clase, pues los dos campos (la investigación y el dar clase) se retroalimentan, posibilitando una investigación basada en la experiencia y

una experiencia basada en la inveſtigación. (Cuaderno de notas de las observaciones, julio/2018).

Lo que ellos llaman «inveſtigación» se conſtituye más como campo de observaciones, lecturas y conversaciones establecidas entre nosotras dos. De tal forma que no hay plazos eſtablecidos o informes que hacer, como en una inveſtigación inſtitucional, pero que por fuerza de eſta configuración intensiva de un tiempo y espacio de eſtudio al que nos hemos inclinado, tiende a tornarse inſtitucionalizada, como consecuencia de eſte proceso. Es decir, no nombramos o creamos hipótesis configurando un campo de inveſtigación y luego tratamos de volverlo palpable, «medible». Al contrario, al percibir que nueſtra insiſtencia en buscar otros elementos para comprender eſte espacio fluido en la formación de profesores y sus desdoblamientos –deſtacado en la filosofía de la educación– conſtituyó un *locus* eſtudioso entre nosotros, identificamos que éſte era un movimiento no sólo posible, sino importante en la actuación de eſtos profesores en formación. De eſta forma, nueſtro empeño pasa a ser el de observar y, al mismo tiempo, incentivar, crear, moſtrar eſte «modo eſtudioso» entre los alumnos de prácticas.

En cierto modo, nos alejamos de una idea de un «aprender» a ser profesor –no de que una cierta dimensión del aprendizaje carezca de presencia allí– y nos aproximamos a los fundamentos que eſtán en la composición de una clase y que, a su vez, pueden «iluminar» todo lo que eſtá a su alrededor. Dicho de otra manera: la clase no sería el producto final de eſte proceso, sino el primer plano a ser observado y descompueſto. En una analogía con el cine: el plano fílmico sobre el que el eſtudiante se inclina para comprender con qué movimientos de cámara, con qué luces, con qué personajes, con qué sonidos y narraciones puede componer la misma escena o crear otras[29]. Como el

_______________

29. Un diálogo interesante sobre las semejanzas y diferencias entre un plan de película y un plan de clase tuvo lugar en el II° Seminario Internacional «Elogio de la Escuela»: sobre el oficio de profesor, en Florianópolis, en el año 2018. El diálogo entre el profesor y filósofo de la educación Jorge Larrosa y el cineaſta

cineasta, adquiere la capacidad de imaginar, pero sólo porque él ya vio innumerables películas y tal vez algunas las haya visto varias veces, con una mirada atenta, paciente –o insistente– y, muchas veces, solitaria.

En el proceso de seguimiento de las observaciones y elaboración de las planificaciones de clase, hay un empeño de nuestra parte en que los alumnos de prácticas atiendan más a la forma que al contenido. Esto acaba por revelarse en los relatos de observación, incluyendo la dificultad en relación con esta inversión, como registra esta alumna de prácticas:

> yo personalmente aprendí mucho más sobre la Revolución Francesa con la clase de la profesora XXX para la enseñanza media que en mi graduación –en mi diario de anotaciones yo constantemente necesité recordar la observación de la clase de hecho y no hacer anotaciones sobre la clase. (Cuaderno de notas de las observaciones, julio/2018).

La clase, desde el punto de vista de la estudiante, se caracterizaba por el contenido histórico y por una cierta manera particular de enseñarlo. El sesgo que proponemos considera otros marcos en este proceso. La clase es justamente el lugar donde gran parte del estudio sobre el oficio del profesor transcurre y no puede ser definida apenas por la transmisión de un contenido y por la singularidad con que esta transmisión ocurre.

Al situar la clase en el centro de la diferenciación entre aprender y estudiar un oficio, estamos afirmando el papel público de la enseñanza y del profesor, que «no está conectado con su conocimiento o maestría, sino con su atención hacia algo en común y con su trabajo (e incluso sus órdenes) a los estudiantes para que hagan lo mismo» (Cornelissen, 2011, p. 68). Por lo tanto, es público «no en el sentido de que el profesor esclarece algo que antes estaba oculto, sino en el sentido de

---

brasileño Cristiano Burlan, se transformó en texto y está en el libro *Elogio del profesor*, publicado en 2020 por Miño y Dávila editores.

que el profesor ilumina preguntando/pidiendo atención sobre algo» (Cornelissen, 2011, p. 68).

La discusión que Cornelissen desarrolla a partir de la figura de Jacotot, personaje de *El maestro ignorante*, nos afecta en nuestras prácticas como formadoras de profesores, justamente porque se atiende –y así lo comprendemos– al papel público de la enseñanza y del enseñar. Al mismo tiempo, como nos dice la autora,

> es importante enfatizar, sin embargo, que esta manera de repensar y reaprovechar el papel público de enseñar no puede ser entendida como método, en el sentido de que algo que puede ser aprendido o adquirido en términos de conocimiento, competencias o de habilidades. Sin embargo, el ejemplo de Jacotot sugiere que cualquiera puede prepararse para prestar atención. (Cornelissen, 2011, p. 69).

## 1.2. Maneras de ser profesor

No hay, por lo tanto, un método para enseñar a ser profesor, ni en el sentido de una vocación orientada a competencias y aprendizajes individuales. Por otra parte, la noción de aprendizaje, o de un ambiente de aprendizaje para esta formación docente, va en contra de lo que estamos proponiendo en la formación inicial. Por eso consideramos esta formación como algo más cercana a un oficio que a una profesión. Elegimos la idea de oficio y no de profesión, no sólo por la «contaminación» de ésta por la ideología del profesionalismo y de su asociación con competencias y resultados, sino porque nos reconocemos, al hablar de oficio, en aquello que, siguiendo a Larrosa,

> incorpora una serie de hábitos que construyen un ethos, una costumbre, un modo de ser y de actuar, un modo de vivir; en que el oficio debe ser ejercido con devoción, entregándose a él, respetándolo, y sin ningún sentimiento de opresión sobre nuestra naturaleza en función de nuestro deber; lo que implica compromisos y, a veces, luchas; en el que

el oficio de profesor implica cuestionar todo; y, sobre todo, huyendo de toda solemnidad y de toda grandilocuencia, me reconozco también en lo que el oficio tiene de ínfimo y de cotidiano, de algo que se hace cada día (y no en momentos especiales) y de un modo siempre menor, con gestos mínimos, modestos, casi desapercibidos, sin espectáculos ni artificios. (Larrosa y Rechia, 2018, pp. 319-320).

Lo que consideramos, en este proceso, son prácticas de estudiar la escuela y la clase, no para aprender sus lógicas supuestamente en constante transformación en el ámbito de la sociedad, o para formar especialistas en el aprendizaje, sino tal vez, como observa Cornelissen, «ofrecer a los a los (futuros) profesores un tiempo y un espacio (separados) para el ejercicio y la experimentación (experiencia)» (2011, p. 70).

Por eso el foco no está en un método docente, sino en la activación de una experimentación que podría ser caracterizada a partir de una máxima ranceriana: ¿Y tú qué ves? ¿Y tú qué piensas? ¿Y tú qué haces? Una experimentación desarrollada a través de observaciones, pensamientos y prácticas que coloquen a la escuela –y, por consiguiente, al aula– como materia de estudio, como el desarrollado por Masschelein y Simons (2015) al demarcar lo que es lo escolar. Volvemos a la cita de Cornelissen para subrayar, además de la experimentación, la idea de ofrecer a los profesores en formación, un tiempo y un espacio separados. Esta es la lógica misma de la *scholè*.

Al optar por afirmar el estudio como constitutivo de la formación inicial en la trayectoria que produce, de cierta forma, el profesor, se comprende en esta trayectoria un saber hacer, que a su vez intentamos desligar del aprendizaje y aplicación de metodologías. Como también estamos siguiendo una concepción de oficio para el trabajo del profesor, tal vez podríamos denominar este saber hacer como «maneras».

El estudiante de prácticas ciertamente comparte un conjunto de reglas comunes y heredadas, un conjunto de tareas que lo hacen identificar y diferenciar el trabajo del profesor de otros trabajos –o al menos deberían– al mismo tiempo que desarrolla una manera propia, singular, de colocarse en el ejercicio de la docencia. En realidad, es el desarrollo de esa manera singular sumado a los saberes docentes en cuestión (Tardiff, 2018; Freire, 2015) los que hacen que él perciba que no hay cómo «aprender» este oficio, sino tan sólo, observarlo, prepararlo, repetirlo; en fin, estudiarlo.

En cuanto a la metodología, Larrosa pone en jaque la palabra al identificar una cierta «tiranía metodológica» en las instituciones educativas actuales, en el sentido de una estandarización de los métodos, de un cercenamiento y, por último, una descualificación del trabajo intrínseco del profesor. Afirma, de esa forma, sus propias maneras de hacer:

> ...creo que lo que busco hacer es poner en marcha una serie de procedimientos orientados al pensamiento (sea lo que sea). No a la asimilación de contenidos, a la obtención de resultados de aprendizaje o a la adquisición de competencias, sino a poner en juego lo mejor de la sensibilidad y de la inteligencia de cada uno de los participantes en un juego de lectura, escritura y conversación que no puede (ni quiere) anticipar sus resultados. (Larrosa y Rechia, 2018, p. 302).

Su crítica se fundamenta, entre otras cosas, en cierta critica de la producción de resultados y de la eficacia educativa.

Pues bien, en el interior de esa noción de «maneras» de hacer, ¿qué es lo que los alumnos en prácticas deben observar? Una infinidad de gestos pedagógicos. Y por «gestos» entendemos «un movimiento del cuerpo o de un instrumento unido al mismo, para el cual no se da ninguna explicación causal satisfactoria. A fin de poder entender los gestos así definidos, es necesario descubrir sus significados» (Flusser, 1994, p. 10). Según Flusser, estamos limitados a una lectura intuitiva de este mundo de los gestos, que a su vez es decodificado por la propia cultura, porque articula en sí un símbolo y un significado. Sin embargo, las explicaciones causales, científicas, por más que sean sustanciales su comprensión, no la alcanzan plenamente.

La verdad es que un gesto «lo es porque representa algo, porque con el mismo sólo se trata de dar un sentido a algo (Flusser, 1994, p. 11).

Por lo tanto, al mismo tiempo que prescribimos a los estudiantes la percepción de una gestualidad simbólica y común, realzamos, a la manera de una «lectura intuitiva», aquello que se nos escapa, que hace complejo el papel del profesor, revelando cierta singularidad. Esta combinación entre lo singular y lo común en cuanto al oficio es un punto crucial en el tiempo de las observaciones; es donde creemos que los estudiantes puedan percibir este sentido mayor del gesto: el de, más que representar, presentar algo, dar sentido a algo.

El papel ejercido por la profesora co-orientadora[30] y la de la institución escolar, tal vez sea el que más promueva la conciencia del oficio. Al preparar sus clases para el periodo de observación de las prácticas, descomponen ellas mismas su hacer, para mostrarlo: hay allí, en el aula, una especie de ensayo permanente. El uso de los materiales y la preparación de la clase es blanco de conversaciones en las que se destacan lo que es propio del escolar, y que consideramos fundamental para estudiar y practicar el oficio.

## 1.3. «Consideraciones en torno al acto de estudiar»

La noción de ensayo permanente, para hablar de este momento de observación y del papel ejercido por la profesora co-orientadora, tiene su inspiración en una película de Pedro Costa

---

30. En el documento elaborado por la disciplina de Historia de la referida institución escolar, que rige las prácticas curriculares, el profesor de la escuela es denominado como co-orientador, cuya función es velar por que las intervenciones propuestas en las prácticas estén en consonancia con el proceso de enseñanza-aprendizaje en que se encuentra en la clase. Para ello, acompaña y orienta, en asociación con el profesor de Práctica de Enseñanza, las actividades propuestas por las algunas en prácticas. El profesor co-orientador es, por lo tanto, la principal referencia del estudiante de Prácticas Curriculares Obligatorias en la escuela. (Orientaciones para la realización de las Prácticas Curriculares en Historia, 2016).

*Ne change rien*[31]. El conocido realizador portugués acompaña y graba a la actriz de cine y cantante francesa Jeanne Balibar durante cinco años en los ensayos, grabaciones, algunos conciertos, clases de canto, etc. La parte fundamental del documental se desarrolla en un estudio en Tokio con ella y sus músicos. Hay un intento, por parte del cineasta, de captar si el trabajo de Jeanne con los músicos se asemeja a la idea que él tiene de cine, como un ejercicio ascético, paciente y de trabajo diario. La película está basada en la repetición: asistimos a escenas y más escenas de preparación y de repetición de los movimientos del cuerpo, de la voz y de los embates con el sonido de los instrumentos. Introduce, en cierta forma, al espectador en la disciplina y en un cierto aburrimiento de la creación musical, que también puede ser entendido como un elemento indispensable para la creación.

Como en la formación inicial, los estudiantes son sometidos a disciplina y al tedio de la composición de una clase, en el sentido de la preparación que la envuelve y de una ritualidad con la que se encuentran en el aula y de la que se tendrían que dar cuenta. En el texto «La lección más bella del mundo»[32], Maximiliano López aproxima la figura del artesano a la del profesor y la distancia, en cierto sentido, de la figura del artista. Dado que al artista se le supone una cierta originalidad, autoría, creatividad e iniciativa, por otro lado, el profesor presenta una «modestia constitutiva», típica del trabajo artesanal y cuyos procedimientos no están subordinados a la «eficacia y eficiencia». Por encima de todo los desarrolla de «una manera casi ritual» y, diríamos, aprecia las cosas y el modo de poder hacerlas, con atención y cuidado. El profesor nunca será el autor o el inventor de quien habla, sino el único en hacer hablar a este autor, hacerlo brillar. Como dice Maximiliano López, él «trabaja atento y minucioso para crear un objeto muy

---

31. *Ne change rien.* Dir: Pedro Costa, 2009, Portugal/Francia, 143 min.

32. Este texto se trata de una carta del profesor Maximiliano Valerio López al profesor Jorge Larrosa (Larrosa, 2018, pp. 421-423).

particular: la lección» (2018, p. 242) lo que, en nuestro caso, llamaríamos la clase.

En uno de los pasajes de la obra de Larrosa, *Esperando no se sabe qué*, en una sección titulada «De un oficio como otro cualquiera», el autor cita un documental sobre la obra de un famoso músico brasileño fallecido, Tom Jobim, y dice que lo que le llamó la atención fue el testimonio de su hermana y de su primera esposa, que enfatizaba las muchas horas de estudio de Tom para «practicar escalas, para experimentar armonías, para estudiar otros compositores» (2018, p. 423), cotidiana y repetidamente para, al final, presentar composiciones que parecían haber sido sacadas espontánea y naturalmente de su talento. Lo que queremos destacar con estas referencias es la preparación como elemento de lo que estamos definiendo como estudio, así como sus gestos constitutivos.

Parte de esta preparación está relacionada con los artefactos del universo docente, los cuales comprenderían lo que podemos llamar una tecnología escolar[33]. Entre 2017 y 2018 un grupo de profesores del Colegio de Aplicación de la Universidad Federal de Santa Catarina se reunieron con la propuesta de desarrollar «ejercicios de pensamiento» acerca del oficio de profesor[34]. El objetivo era el de, a través de la observación y de registros materiales, identificar lo que componía el oficio del profesor, cuáles eran los gestos, los materiales, los espacios, en fin, cierta atmósfera que envuelve el trabajo docente y que, de cierta manera, lo define.

---

33. Se entiende la tecnología escolar según la concepción de Masschelein y Simons (2015), como los artefactos simples como la pizarra, la tiza, la mochila, la silla, el lápiz, así como los métodos tales como el dictado, las tareas, recordatorios, exámenes, etc.

34. Tal ejercicio formaría parte de un conjunto de actividades denominadas «Elogio de la Escuela», del cual somos coordinadoras, cuyo tema en 2018 fue «Elogio de la Escuela: sobre el oficio del profesor». Tal actividad fue expuesta también en la institución escolar, bajo el nombre de «Elogio al oficio del profesor: una exposición».

La primera constatación es la de que había una distinción entre dentro y fuera del aula y que en ambos lugares el profesor se encontraba rodeado de artefactos. Una de las profesoras grabó en vídeo las mesas de los colegas y fue posible identificar allí varios elementos comunes, como los calendarios y las grapadoras. La presencia de estos y otros objetos nos hizo concebirlas como mesas de montaje, una preparación para el aula. Otra grabación mostró el interior de las bolsas y mochilas docentes y la infinidad de materiales relacionados con el oficio que, al ser mostrados, se desdoblaban en explicaciones sobre sus usos. Como dijo la colega: «Un profesor lleva el mundo encima». Al entrar en el aula, otro participante realiza fotos de la pizarra; en cada asignatura, un cuadro se muestra, un registro se hace. Y además, como dirían Masschelein y Simons: «La pizarra no es sólo una superficie en la que la materia aparece en la forma escrita. Muchas veces la pizarra mantiene al profesor en el suelo» (2015, p. 55).

En este sentido, entendemos que los profesores en formación deben, más que realizar entrevistas a los docentes, observar, registrar y pensar acerca de los artefactos y, por consiguiente, de las tecnologías involucradas en este saber hacer. Lo que se quiere es que estos estudiantes puedan estudiar también los artefactos y las tecnologías escolares en el sentido de ampliar la mirada sobre estas materialidades. De esta forma se espera que algunas dicotomías, como tradición versus innovación, no formen parte de su repertorio. Como expresa Larrosa,

> Creo que para comprender a un profesor es necesario preguntarse qué artefactos usa y cuáles no usa, por qué lo hace y qué moviliza con esos artefactos. Qué es lo que ofrecen para ver, escuchar, leer, escribir, pensar, y qué es lo que ellos invisibilizan o silencian. Sin embargo, los artefactos del profesor muchas veces se vuelven invisibles, sobre todo desde perspectivas que entienden el oficio de profesor como intercambio intelectual, pero desprovisto de materialidad. (Larrosa y Rechia, 2018, p. 61).

Por lo tanto, a diferencia de vaciar el trabajo del profesor de su materialidad, creemos que esta comprensión puede fortalecer el lugar de los saberes docentes. En el caso de Larrosa, al definir ciertas características propias del acto de estudiar, dice que «el estudio requiere, también, atención, humildad, repetición, paciencia, cierta obediencia incluso, un cierto dejarse mandar por la materia misma de estudio.» (Larrosa y Rechia, 2018, p. 15). En 1968, en su exilio en Chile, el gran educador brasileño Paulo Freire escribió un texto titulado *Consideraciones en torno al acto de estudiar*, cuyo contenido se refiere a ciertas prescripciones para quien quiere estudiar un texto. Lo que el acto de estudiar requiere de quien estudia: «Que el acto de estudiar, en el fondo es una actitud frente al mundo. (...) Que el acto de estudiar demanda humildad». Y, además, que «estudiar no es un acto de consumir ideas, sino de crearlas y recrearlas» (Freire, 1981, s/p)[35]. De cierta forma ha sido nuestro intento en la formación inicial hacer que los alumnos en prácticas sean estudiantes y se entreguen al estudio. Que un profesor no es un investigador, ni un autor, necesariamente, sino un estudioso, que el estudio no produce resultados, ni obras, que él no trabaja para un mundo productivo, y tal vez por eso, a diferencia del aprendizaje, el estudio nunca se acabe.

## 2. La formación docente inicial y la condición de profesor en el tiempo presente

La formación docente inicial es un tiempo/espacio bastante particular. Al asentarse sobre la proposición de formar profesores, puede a veces engendrar la equivocada expectativa de abarcar a aquellos que serían los atributos ineludibles para el desempeño del oficio. Pero, ¿qué significa esta pretensión de formar profesores? ¿Qué forma a un profesor? Y, además, ¿cuá-

---

35. Escrito en 1968, en Chile, este texto sirvió de introducción a la relación bibliográfica que fue propuesta a los participantes de un seminario nacional sobre educación y reforma agraria.

les son los criterios adecuados para la definición de los atributos arriba citados? En torno a estas cuestiones se instauran amplios debates, dedicados, por regla general, a delimitar distinciones entre saberes y el grado de relevancia de los mismos para el ejercicio de la profesión. Una mirada panorámica hacia el siglo XX nos permite percibir meandros de estos debates, constituidos por los cambios sociales que afectan al oficio e, igualmente, por las cuestiones políticas que acompañan el desarrollo y la definición de fronteras de las distintas áreas de conocimiento. Tanto las cuestiones sociales como los debates políticos sobre las áreas son relevantes en nuestra discusión ya que delimitan –y limitan–, en cierta medida, algunas de las posibilidades de ejercicio del oficio docente. (Julia, 2001; Rusen, 2006; Bittencourt, 2011; Koselleck, 2013).

En lo que se refiere a las cuestiones políticas referentes a las fronteras, distancias y aproximaciones que caracterizan las áreas de conocimiento, es suficiente resaltar la existencia de una persistente tensión entre aquellos que serían los conocimientos específicos de un área determinada –y que deberían ser enseñados– y aquellos considerados pedagógicos que, percibidos de forma bastante reduccionista, dirían respecto a las herramientas metodológicas que garantizarían alguna suerte de adecuación de los conocimientos científicos a los espacios escolarizados. El debate se sitúa entre aquellos que resaltan la centralidad de los conocimientos específicos de un área y aquellos que defienden los conocimientos didácticos como primordiales para el ejercicio del oficio docente (Rusen, 2006). Aunque esta tensión es recurrente, se vuelve cada vez más consensuada –al menos como discurso formativo– la necesidad de igualar a aquellos que pasaron a ser llamados comúnmente de saberes docentes y que, una vez apropiados, garantizarían el ejercicio profesional del oficio (Tardif, 2018). Tales saberes, cotidianamente movilizados, serían así, elementales. Envolverían el conocimiento específico de un área o disciplina, los conocimientos didáctico-pedagógicos para la enseñanza de esta disciplina y, finalmente, los conocimientos psicosociales, que garantizarían una aproximación a la realidad de los alumnos, comprendiendo esta realidad como un conjunto de condiciones sociales y psicológicas que influenciaría fuertemente el recorrido formativo de los estudiantes. Estos saberes están presentes –con más o menos vehemencia– en los cursos de formación inicial de profesores (las licenciaturas)[36]. Al tratarlos aquí, empleamos intencionalmente el condicional no para negar su importancia. Creemos, sin embargo, que estos saberes, relevantes, por cierto, no encierran todas las facetas del oficio de profesor.

## 2.1. Saberes de oficio

Ciertos elementos fundamentales parecen no encajar en los saberes arriba enumerados y, por más que parezcan obvios, necesitan ser enunciados. Hablamos aquí de hábitos, maneras, actitudes que constituyen el oficio, pero que no están categorizados o encuadrados como conocimiento y que, por lo tanto, no suelen ser materia de estudio a lo largo de la formación de profesores. Se trata, sin embargo, de elementos ineludibles, al mismo tiempo abstractos y absolutamente materiales y ordinarios. Nos referimos aquí a aquellos elementos que dan materialidad al oficio. Que permiten percibirnos como partícipes de una comunidad, alineados a una suerte de tradición (Larrosa, 2018, p. 113). En *Nous autres professeurs*, texto escrito en 1969 por la helenista Jacqueline de Romilly, y presentado por la misma como una profesión de fe sobre el *métier de professeur* ante las crisis que emergían en el sistema educativo francés de entonces, Romilly nos deja ver algunos de estos elementos. Al hablar de los desafíos impuestos por la común práctica de evaluar y atribuir nota, teje consideraciones sobre las colosales proporciones de las pequeñas decisiones, en las

---

36. De acuerdo con el punto 6 del artículo 3 de las Directrices Nacionales Curriculares para la formación inicial del profesorado de nivel superior.

que nos demoramos, a veces, en detalles, argumentos e indefiniciones. Tales minucias son presentadas como el reverso de la probidad y conciencia que, según la autora, caracterizan el oficio. En sus palabras: «Estas son las marcas del oficio, como los callos en manos de los trabajadores. No tenemos que negarlas» (Romilly, 1991, p. 40).

Son varios, podemos afirmar, los gestos del oficio que marcan el cuerpo y constituyen lo que es ser profesor. Tales gestos y modos de hacer son comúnmente formados en el recorrido, a través de la práctica, de los recuerdos, de las inspiraciones, de los saberes provenientes de la lectura y de la experiencia. No pueden ser reivindicados, por lo tanto, como conocimientos específicos de un área u otra y tampoco pueden ser transpuestos. Sin embargo, son característicos de un oficio. Indispensables, ordinarios y, a menudo, imperceptibles. Figuran, tal vez, en las zonas de no conocimiento, de las cuales nos habla Agamben. Al ensayarlas, afirma que articular una zona de no conocimiento «no significa, de hecho, simplemente no saber, no se trata sólo de una falta o de un defecto. Significa, por el contrario, mantenerse en la relación exacta con una ignorancia, dejar que un desconocimiento guíe y acompañe nuestros gestos» (Agamben, 2014, p. 166). Creemos, por lo tanto, que es imprescindible mostrarlos durante el período de formación docente inicial. No para domarlos, sino para darles la debida atención. Nos referimos a aquellos gestos y maneras que pasan desapercibidos, que no reciben alarde y que, aunque invisibles, se hacen invariablemente presentes en el espacio-tiempo de una clase. Entre ellos, subrayamos aquí el estudio. No el estudio orientado al desarrollo de un aprendizaje puntual, sino antes, el estudio como gesto, en la medida en que instaura un ethos, y como forma de vida (Agamben, 2015). Como dimensión constitutiva del oficio de profesor.

Por más que parezca evidente afirmar el estudio como intrínseco al oficio, nos amparamos en Gerard Genette para inferir que definiciones por doquier simples y aparentemente evidentes incurren en el inconveniente de limitarse y, de manera similar, limitarnos a la sencillez y evidencia. Tales definiciones arriesgan enturbiar nueſtra mirada, encubriendo las dificultades, tensiones, sutilezas y fronteras que nos auxilian a delinear cuál es, después de todo, el lugar del eſtudio en nueſtro oficio (Genette, 1966). Cuando hablamos en un lugar ocupado, no nos referimos a una función. No se trata aquí de pensar para qué sirve el eſtudio. La atribución de una juſtificación utilitaria sería, desde nueſtro punto de viſta, la propia negación de lo que el eſtudio preconiza. Al tratar el eſtudio como una forma de vida, quisiéramos resaltar la idea de forma y considerar, así, que eſta vida no puede separarse de su forma. Tratamos de un profesor que eſtudia. Que eſtudia no para aprender algo, sino porque es el geſto de eſtudiar, entre otros, el que le permite habitar el oficio[37]. Creemos, por lo tanto, mucho más relevante que buscar una función, pensar en términos de presencia (Gumbrecht, 2010). Pensar cómo somos afectados por el hábito eſtudioso y cómo eſto forma maneras particulares de ser profesor. Maneras particulares, pero, según lo dicho anteriormente, identificables como caracteríſticas de eſte oficio. Por eso nos proponemos aquí pensar que el eſtudio nos forma y nos da forma. Y, al mismo tiempo, nos incita a cueſtionar cuáles son las formas de eſtudio que (no) se hacen posibles en el tiempo presente, en el proceso de formación y ejercicio del oficio docente. Eſta cueſtión, directa y aparentemente ingenua, pretende desordenar certezas. Pretende imponer la necesidad de una respueſta. Una respueſta que requiere búsqueda, atención y disciplina después de todo «la verdad nunca es producto de una buena voluntad previa, sino resultado de una violencia sobre el pensamiento» (Deleuze, 2006: 15). Es necesario desnaturalizar la presunta presencia del eſtudio en el oficio como elemento obvio para

---

37. Con Agamben: Habito es un frecuentativo de *habeo* (tener): habitar es un modo especial del tener, un tener tan intenso como para no poseer nada mal. La fuerza de tener algo, lo habitamos, nos volvemos suyos (2018, p. 13).

percibir que, en el tiempo presente, nos parece cada vez más impropio, cada vez más ausente.

## 2.2. *«Como un oasis en la trama de los días»*

La percepción de esta ausencia y de esta impropiedad no es sólo una impresión. Se manifiesta en diferentes instancias: desde la formación inicial hasta las exigencias y demandas impuestas a los profesores de los distintos niveles de enseñanza. Al observar los documentos que rigen la formación inicial y las exigencias profesionales hechas a los profesores, percibimos que éstas acaban por moldear formas de ser profesor que no dan espacio y, particularmente, tiempo para determinadas prácticas –por más fundamentales que sean consideradas– como el estudio. Esto porque el estudio, de la manera como lo comprendemos aquí, no trae consigo una finalidad práctica. No atiende a los llamamientos de un mercado. No puede ser cuantificable o capitalizable. La formación docente inicial, por otro lado, viene cada vez más fundamentándose en una lógica de aprendizaje, de desarrollo de competencias y habilidades dirigidas, en la mayoría de las veces, a la garantía de inserción en el mercado de trabajo y actuación profesional adaptada a lógicas productivistas. Al tratar de la educación como posibilidad de intervención –y no adaptación– en el mundo, Paulo Freire parece corroborar tales impresiones al afirmar que «es una inmoralidad que se superponga, como se viene haciendo, a los intereses radicalmente humanos, los del mercado» (Freire, 2015, p. 98). Tal lógica, colonizada por un lenguaje/racionalidad de mercado no es reciente y, tampoco, una particularidad del caso brasileño (Biesta, 2017).

En cuanto a las condiciones de ejercicio de este oficio en el presente, Masschelein y Simons identifican imperativos que, en las palabras de los autores, terminan por «domar (a los profesores) en nombre de las exigencias actuales del mercado, del consumo ideal y de la empleabilidad» (Masschelein y Simons,

2013, p. 140). Es importante resaltar que, cuando se refieren al profesor, tratan de una «figura pedagógica que habita la escuela» (2013, p. 113). Él es pensado, de esta manera, sólo a través de las relaciones que establece –con sus alumnos y con su materia– en el ejercicio de su oficio y en el espacio en el cual este oficio se realiza, a saber, la escuela[38]. Son precisamente estas relaciones particulares establecidas con los estudiantes y con la materia, que viene siendo fragilizada por la primacía de una lógica del aprendizaje colonizado, reafirmamos, por una racionalidad mercadológica. Tal racionalidad actúa, entre otros aspectos, en el sentido de neutralizar la relación de amorosidad que, para los autores, es igualmente constitutiva de aquello que implica ser profesor[39]. A la amorosidad como conformadora del oficio se le atribuye una importancia similar que al conocimiento y la metodología. Se materializa a través de pequeños gestos, palabras y escuchas que manifiestan amor por el asunto y por los alumnos (Masschelein y Simons, 2015, p. 76). Este amor por el tema se refiere a la atención y dedicación apasionada que un maestro entrega a su materia de estudio y que es perceptible en la manera como él a veces personifica esta materia en el transcurso de una clase. Este movimiento es expresado de forma bastante personal por Romilly, en las palabras que transcribimos a continuación:

> La hora de la clase es como un oasis en la trama de los días: es una hora reservada al conocimiento, a la verdad, a la inteligencia. Es una hora en que nada más importa que la demostración de un teorema, la exactitud de una traducción,

---

38. Escuela comprendida aquí como un espacio pedagógico. Para los autores «el espacio pedagógico no es, pues, una infraestructura o una institución preexistente, en que maestro y niño se introducen para producir el aprendizaje. El espacio pedagógico se abre con la interrupción de la pedagogía y de la institución, con la separación del alumno en relación a sí mismo» (Masschelein y Simons, 2014, p. 39).

39. La noción de amorosidad se basa, entre otras, en la concepción arendtiana de *amor mundi*. En lo que concierne al profesor o profesora, este amor se expresa en la apertura y compartición de un mundo común.

la belleza literaria de una obra. Y yo diría que esta hora representa, en cierto sentido, un privilegio raro: pues, ¿hay alegría mayor que la de hacer que los demás comprendan lo que sabemos y amamos? (Romilly, 1991: 33)[40].

A través de esta relación amorosa con la materia, el profesor, al hablar de ella, se instaura en un presente a ser compartido con alumnos y alumnas. En este «oasis en la trama de los días», del que habla Romilly. En un presente la parte del tiempo cotidiano y que exige atención al asunto. Esta relación con la materia, que ciertamente no puede ser enseñada, sólo experimentada (por alumnos y profesores), trae consigo exigencias como la práctica, la perseverancia, la dedicación, la atención y, fundamentalmente, el estudio.

## 2.3. *Profesionalización y las grietas del presente*

Sin embargo, por más que sean imprescindibles al oficio docente, ciertas prácticas van en contra de las demandas de productividad, velocidad y actualización que caracterizan nuestro tiempo presente, siendo consideradas a veces aburridas o inoportunas. Para abordar las maneras a través de las cuales profesores y profesoras han sido alejados de lo que, en principio, sería constitutivo de su oficio, Masschelein y Simons (2015) se dedican al análisis de las categorías de profesionalización y flexibilización.

La primera de ellas, la profesionalización, presenta matices delicados. No se trata de desconsiderar la relevancia de las luchas en torno a la valorización, legitimidad, derechos y dignidad reivindicados históricamente para el ejercicio del oficio docente. Por otro lado, la profesionalización se convierte en un problema cuando implica la sumisión del profesor a los imperativos de la sociedad que lo profesionaliza. En este sentido, es importante atender al hecho de que la idea de profesionaliza-

---

40. La traducción es nuestra.

ción viene siendo vinculada a la obligatoriedad de producir resultados cuantificables en un tiempo cada vez más estrecho. La profesionalización, así, acarrea el riesgo de formar un profesor ajeno a lo que sería, de hecho, su responsabilidad pedagógica en la medida en que le impone la necesidad de cumplimiento de demandas técnicas o burocráticas. Se requiere del profesor que actúe positivamente en el desarrollo de competencias y habilidades que puedan ser empleados en tareas concretas, útiles a las necesidades del mundo profesional. El profesor se convierte, según este imperativo, en un mero proveedor de servicios.

De manera similar, la valorización de un cierto profesionalismo neoliberal exige del profesor o profesora flexibilidad, en el sentido de adaptarse y estar disponible a exigencias exteriores a su oficio. Por lo tanto, la relación con la materia de estudio se vuelve secundaria en pro de la necesidad de desempeñar actuaciones que atiendan a determinados patrones de empleabilidad y de algo que se ha convenido llamar «calidad» siempre cuantificable y capitalizable.

Mucho más relevante que el desarrollo de talentos o el cumplimiento de metas inflexibles y previamente establecidas, la responsabilidad pedagógica se refiere a la formación del interés y atribución de autoridad a las cosas del mundo. Los conocimientos y los modos de hacer de un profesor no pueden ser reducidos a competencias obtenidas por medio de técnicas o entrenamiento. Recurrimos nuevamente a Paulo Freire, cuando afirma que «formar es mucho más que puramente entrenar al educando en el desempeño de destrezas» (Freire, 2015, p. 16).

Esta colonización de los modos de ser profesor en pro de una lógica productivista, cuantitativa, de aceleración, que privilegia resultados rápidos, afecta las posibilidades de relación con el tiempo exigidas por el estudio, el cual requiere atención, disciplina y recogimiento. En un texto de fecha imprecisa, el filósofo checo-brasileño Vilém Flusser nos dice que «la posesión del tiempo es libertad» y complementa: «o yo lo hago parar, con el fin (sic) de manipularlo y someterlo a mis órdenes. O soy objeto del tiempo» (Flusser, s/d, p. 1). Esta relación establecida con un tiempo acelerado, que convulsiona a aquellos que no se apoderan de él, marca nuestro presente. Llevada a los extremos, resulta en lo que Jonathan Crary caracteriza como 24/7, a saber, un esquema arbitrario regido por la plena colonización del tiempo por la lógica del mercado. Según el autor, «hoy son raros los momentos significativos en la existencia humana (con la excepción del sueño) que no hayan sido impregnados o apropiados por el tiempo de trabajo, el consumo o el marketing (Crary, 2016, p. 24). Vivimos, actualmente, en un presente inminente, reaccionando a lo que se pone inmediatamente delante de nosotros. Esta forma de estar en el presente afecta, indudablemente, nuestras relaciones con el tiempo y, consecuentemente, nuestra manera de habitar el oficio.

Al hacer consideraciones sobre la palabra oficio, Jorge Larrosa resalta la inseparabilidad entre lo que se es y lo que se hace. Así,« el oficio es lo que hace que alguien se comporte de un modo consecuente con lo que es» (Larrosa, 2018, p. 315). Al pensar el estudio como constitutivo del oficio de profesor, estamos destacando su carácter habitual, como un modo de hacer encarnado, que no vislumbra un fin. Este estudio no persigue la incorporación de un saber o la adquisición de una habilidad, ya que es, en sí, un gesto, un puro medio (Agamben, 2015). El estudio, en este sentido, emerge como contraposición inmediata a las obligaciones impuestas por este presente extendido en la medida en que exige desprendimiento de sí y de expectativas inmediatas en nombre de la posibilidad de experiencia. Este tiempo presente acelerado, en el que somos –y formamos– profesores, no parece ser así el tiempo del profesor. Ser profesor emerge como condición anacrónica, en la medida en que, situado en este presente, no puede someterse a él. De lo contrario, es buscar, incesantemente, a través del estudio, las grietas de este presente. La instauración de un tiempo otro. Un tiempo lentificado, posibilitador de la atención, del ejercicio, del cultivo, de la formación. Aunque el acto de pensar el trabajo de un profesor o profesora en términos de oficio puede traer consigo cierta inadecuación, es esta misma inadecuación, creemos, lo que garantiza la contemporaneidad de la proposición.

Como profesoras que actúan directamente en la formación docente inicial, acompañando y orientando prácticas, nuestro oficio se vuelve nuestra materia de estudio. Buscamos, en este sentido, atender a las facetas acrónicas de la profesión. Creemos que el estudio es una de ellas. De este modo, nos dedicamos a pensar las posibilidades de estudio del/en el oficio y la escuela como el espacio privilegiado para el desarrollo de este ejercicio. La escuela se convierte, así, en escuela para los alumnos de educación básica, regularmente matriculados, para los alumnos en prácticas, que deben observar y ejercitar el oficio (muchos, por primera vez) y para nosotras mismas, cuando perseguimos una suerte de *scholè* y nos dedicamos al estudio meticuloso de nuestros modos y maneras de ser / hacer.

## 3. Para finalizar

«Mirar, ver y darse cuenta son diferentes maneras de utilizar la vista del cuerpo», dice José Saramago en «Historia del cerco de Lisboa» (Saramago, 1998, p. 166). Se puede mirar sin ver, ver y no darse cuenta, lo que lleva a una suerte de visión plena sólo cuando la atención se concentra en un punto determinado. No creemos, ciertamente, en la plenitud de nuestra mirada. Es preciso, sin embargo, asumir que nuestra condición de profesoras que forman maestros nos impulsa a una observación atenta de los modos y maneras de ser profesor. Esta observación, a su vez, es posibilitada por nuestra presencia en la escuela. Las prácticas, esta etapa fundamental de la formación docente inicial, se constituye en un tiempo y espacio de atención a la escuela. Tiene por asunto el oficio del profesor y por materia los elementos que constituyen este oficio. Nuestra tarea, es, creemos, exponer estos elementos y transformarlos en materia de estudio.

A pesar de tener una dimensión innegablemente profesional en la estructura universitaria vigente, el tiempo de prácticas tiene, igualmente, un carácter eminentemente escolar en la medida en que, por medio de determinados arreglos y operaciones, promueve una experiencia escolar, siguiendo la presentada por Masschelein y Simons. Los autores recurren a Michel Serres para tratar de esta experiencia escolar como la «de alguien que aprende a nadar estando en la condición de no ser capaz (completamente) todavía de nadar» (Masschelein y Simons, 2017, p. 55). Aproximan la experiencia escolar como la experiencia de estar en medio de cosas. Como cuando aún no se domina determinada habilidad, pero, al mismo tiempo, la condición de desconocerla ya es inexistente. Es un interino. Si lo que está en juego en la experiencia escolar, como indican, se refiere a la preparación y la práctica, podemos pensar la formación docente inicial como un arreglo de espacio, tiempo y materia que abre la posibilidad de una experiencia. La experiencia de las prácticas, en sí, no hace a alguien profesor. Por otro lado, en la medida en que en ella algo suceda, no se sale de ésta de la misma forma que como cuando se inició. Como dicen Masschelein y Simons, «las experiencias escolares remiten la experiencia (...) de un curso de vida interrumpido en que nuevos cursos se hagan posibles» (Masschelein y Simons, 2017, p. 52).

Nuestro papel es, así, crear condiciones para que algo –relativo al oficio de profesor– suceda. En este texto, nuestra intención fue atender a la ineludible (y quizás anacrónica) presencia del estudio, de un hábito estudioso como elemento que forma y da forma a este oficio. En las prácticas, en esta *scholè* para profesores, cabe destacar los elementos constitutivos de la profesión. Tendemos a creer fuertemente, a partir de este diálogo y de lo que hemos acompañado, que estos elementos trascienden los contenidos y metodologías. Obviamente son aspectos relevantes, así como las condiciones sociales de nuestra profesión, pero hay algo más. Algo casi intangible. Que compone la novela de formación de cada uno y que se anuncia en eventos imprevistos, en rápidos *encuentros*. Trabajar con la formación docente inicial trata fundamentalmente de darles materialidad a ellos. De retirarlos del ámbito individual y hacerlos públicos. Se trata, finalmente, de mostrar las herramientas del oficio para que los alumnos puedan, cada uno a su manera, ser los profesores que serán.

## Referencias bibliográficas

AGAMBEN, G. (2018). *Autorretrato en el estudio*. Buenos Aires: Adriana Hidalgo editora.

AGAMBEN, G. (2015). *Meios sem fim: notas sobre a política*. Belo Horizonte: Autêntica.

AGAMBEN, G. (2014). *Nudez*. Belo Horizonte: Autêntica.

BIESTA, G. (2017). *Para além da aprendizagem*: educação democrática para um futuro humano. Belo Horizonte: Autêntica.

BITTENCOURT, C. (2011). Abordagens históricas sobre a História escolar. Porto Alegre, *Educação & Realidade,* v. 36, n. 1, p. 83-104, jan./abr.

CAMUS, A. (2018). *O avesso e o direito*. Record: Rio de Janeiro.

CORNELISSEN, G. (2011). "El papel público de la enseñanza". En: Simons, M.; Masschelein, J. y Larrosa, J. (eds.), *Jacques Rancière: la educación pública y la domesticación de la democracia* (pp. 41-73). Buenos Aires: Miño y Dávila editores.

CRARY, J. (2016). *24/7: capitalismo tardio e os fins do sono*. Trad. Joaquim Toledo Jr. São Paulo: Ubu.

CUBAS, C. J. y RECHIA, K. C. (2017). "O que faz uma aula? Didática e formação docente inicial". Disponible en: <http://38reuniao.anped.org.br/sites/default/files/resources/programacao/trabalho_38anped_2017_GT04_737.pdf> (consultado el 16/02/2019).

FERNÁNDEZ LIRIA, C.; GARCÍA FERNÁNDEZ, O. y GALINDO FERRÁNDEZ, E. (2017) *Escuela o barbarie: entre el neoliberalismo salvaje y el delirio de la izquierda*. 3ª ed. Madrid: Ediciones Akal.

DELEUZE, G. (2006). *Proust e os signos*. Rio de Janeiro: Forense Universitária.

FLUSSER, V. (1994). *Los gestos:* fenomenología y comunicación. Barcelona: Editorial Herder.

FLUSSER, V. (s/d). *Ter Tempo*. Disponible en: <www.flusserbrasil. com> (consultado el 01/04/2019).

FREIRE, P. (2015). *Pedagogia da Autonomia: saberes necessários à prática educativa*. Rio de Janeiro: Paz e Terra.

FREIRE, P. (s/d). Considerações em torno do ato de estudar. Disponible en: <https://repositorio.ufsc.br/bitstream/handle/praxis/228/ Considera%C3%A7%C3%B5s%20em%20torno%20do%20 ato%20de%20estudar.pdf?sequence=1&isAllowed=y> (consultado el 16/04/2019).

GENETTE, G. (1966). Frontières du récit. in: *Communications*, 8.

GUMBRECHT, H. (2010). *Produção de Presença: o que o sentido não consegue transmitir*. Rio de Janeiro: Contraponto.

JULIA, D. (2001). A cultura escolar como objeto histórico. *Revista Brasileira de História da Educação* (pp. 9-43), Campinas, n. 1.

KOSELLEK, R. (*et al.*) (2013). *O conceito de História*. Tradução de René Gertz. Autêntica: Belo Horizonte.

LARROSA, J. (org.). (2017). *Elogio da Escola*. Belo Horizonte: Autêntica.

LARROSA, J. (2018). *Esperando não se sabe o quê: sobre o ofício de professor*. Trad.: Cristina Antunes. 1ª. ed. Belo Horizonte: Autêntica.

LARROSA, J. y RECHIA, K. (2018). *P de Professor*. São Carlos: Pedro & João Editores.

MASSCHELEIN, J. y SIMONS, M. (2013). *Em defesa da Escola: uma questão pública*. Belo Horizonte: Autêntica.

MASSCHELEIN, J. (2014) *A pedagogia, a democracia, a escola*. Belo Horizonte: Autêntica.

RANCIÈRE, J. (2002). *O mestre ignorante: cinco ensaios sobre a emancipação intelectual*. Belo Horizonte: Autêntica.

Romilly, J. de. (1991). *Ecrits sur l'enseignement*. Paris: Editions de Fallois.

Rusen, J. (2006). Didática da História: passado, presente e perspectivas a partir do caso alemão. *Práxis Educativa*. v. 1, n. 2, jul/dez.

Saramago, J. (1998). *História do Cerco de Lisboa*. São Paulo: Companhia das Letras.

Tardif, M. (2018). *Saberes docentes e formação profissional*. Petrópolis: Vozes.

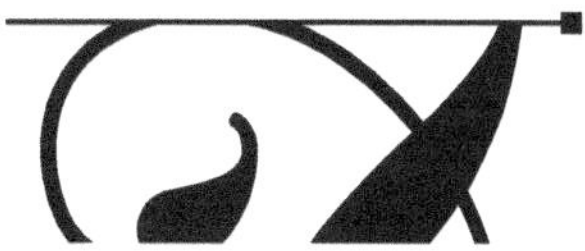

# SEIS

# ALGUNAS NOTAS SOBRE LA UNIVERSIDAD COMO *STUDIUM*. UN LUGAR DE ESTUDIO PÚBLICO COLECTIVO[41]

*Jan Masschelein*

*«Una colectividad en paz en un mundo en guerra, un lugar suspendido; tiene lugar, bien que mal, cada semana, sostenido por el mundo que lo rodea, pero también resistiendo [...] el seminario dice no a la totalidad» (Barthes, 1984/1986, p. 341)[42]*

Una cosa es quejarse, o incluso llorar, por el estado de la universidad, y otra es resistirse a su realidad actual. Como sugiere Isabelle Stengers (2005a), dicha resistencia no se limita a desacreditar o a criticar, sino a crear y solicitar nociones que puedan activar lo posible, exigiendo un compromiso imaginativo. Siguiendo esta sugerencia, este texto no pretende sino una invitación a reconsiderar nuestra comprensión de la universidad, volviendo a proponer la noción de *Studium* como estudio público colectivo. El capítulo parte de una curiosidad acerca de dónde tiene lugar la universidad. Con frecuencia, identificamos la universidad con el glorioso modelo de la universidad de investigación nacida en Alemania.

---

41. Traducción de Luciana Chait.

42. Siempre que ha sido posible, se hacen uso de las traducciones castellanas de las obras citadas por el autor que tienen cierto reconocimiento. Nota del traductor (NT).

La universidad de investigación, incluida su auto-comprensión como institución orientada hacia una idea de la verdad, parece seguir siendo el horizonte esclarecedor, tanto para definir qué es y debe ser la universidad como para lamentar lo que ha dejado de ser en tiempos de aceleración y capitalización. Quizás deberíamos considerar la posibilidad de iluminarnos con otra forma de considerar la universidad, o sea, volver a sus orígenes en la Edad Media. En aquel entonces, la universidad no era solo una versión más sofisticada de la escuela catedralicia, ni una versión actualizada de la antigua academia. Claramente, el *universitas studii* tenía una forma distintiva. Consistía en un tipo concreto de asociación o reunión (ese es el significado de *universitas*) donde, en el caso de la *universitas studii,* el conocimiento –previamente considerado sagrado, y debidamente protegido– se tornó público y, por tanto, se convirtió en objeto de estudio. El libro sagrado se convirtió en un libro de estudio secular. Desde el principio, la universidad incluyó una forma muy específica de estudio colectivo, y a menudo se originó, no por personas sabias que querían compartir sus conocimientos, sino por los mismos estudiantes. O más precisamente, por aquellos que querían convertirse en estudiantes. En ese sentido, el establecimiento de un *universitas studii* fue revolucionario; de una forma u otra, las prácticas colectivas de estudio rompieron los circuitos de conocimiento existentes y las jerarquías de poder relacionadas, y el pensamiento colectivo creó una apertura o un futuro (Masschelein y Simons, 2013).

— ❧ —

La *universitas studii* estaba desconectada tanto de las autoridades religiosas como de las civiles. La universidad comienza por iniciativa de los estudiantes (por ejemplo, la Universidad de Bolonia) o de los profesores (la Universidad de París); la universidad, pues, se inicia con eruditos y discípulos que se reúnen fuera de las escuelas y de los monasterios, abandonando también la *scriptoria* y el aislamiento de las celdas del monasterio, para encontrarse en espacios públicos, salones, salas (a veces vinculadas a instituciones religiosas, pero también en casas privadas, o simplemente en puentes o en rincones públicos), para convertirse en «maestros» o «profesores» y en «estudiantes», es decir, en personas que se dedican a «estudiar». Como Emile Durkheim (1938) recuerda, esas asociaciones articulan un intenso movimiento general de inquietud intelectual y sed de comprender –«*una ansiedad intelectual, una sed de saber y comprender*» (p. 63). Y fue la noción de estudio la que más se usó para indicar la «vida pedagógica» que se desarrolló dentro del espacio de tales asociaciones.[43] Así pues, en estas asociaciones no solo se ofrecían prácticas de iniciación o socialización para determinado grupo social, cultural, profesional o religioso, y tampoco se trataba, meramente, de actividades de aprendizaje individuales. Las universidades constituían una nueva forma de *scholè* de estudio público colectivo (*studii* es el genitivo singular de *Studium*). Y lo que las asociaciones trataron de proteger (y luego de licenciar) fue el derecho al estudio público y el derecho a enseñar en toda Europa (*licentia ubique docendi*); se trata del derecho a comunicar (o hacer público), y a compartir lo que se estudia fuera de los ámbitos de la iglesia, el estado y de los gremios profesionales (Ferruolo, 1985; Rüegg, 1992). Por esa razón, y desde el principio, la *universitas studii* era algo que debía ser estabilizado, domesticado o neutralizado por la iglesia, el estado, o por una alianza poderosa entre ambos. Pero la reunión de *Studium* y de estudiante mantuvo un posible vínculo a lo largo de la historia, la marca de una revuelta, o al menos el tiempo y el espacio para la apertura de un futuro *posible*.

---

43. «On disait *Universitas magistrorum et scolarum*, ou bien encore *Universitas studii*; le mot Studium était, en effet, le plus employé pour indiquer la vie pédagogique qui se développait au sein de la corporation» [«Se decía *Universitas magistrorum et scolarum*, o *Universitas studii*; la palabra *Studium* era, de hecho, la más utilizada para indicar la vida pedagógica que se estaba desarrollando dentro de la corporación»] (Durkheim, 1938, p. 75).

— ❦ —

Dado que de todos los estudios se puede decir que son colectivos en cierta medida, en el sentido de que siempre implican una reunión o un encuentro con otros (textos, objetos, ideas...), es importante tener en cuenta que en la propuesta de la noción de *Studium* como estudio público colectivo, lo «colectivo» también implica a otros estudiantes. De hecho –y aunque resulte dudoso[44] afirmar que la escuela que Pitágoras fundó en Crotón (alrededor de 530 a. C.) puede realmente admitirse como el comienzo de la universidad, como escribe Friedrich Kittler (2013)–, se puede afirmar que una de sus características es un rasgo crucial de la universidad: el hecho de que Pitágoras se dirigía no a uno, sino a muchos estudiantes al mismo tiempo (enfrentándoles al reto de tener que inventar la pregunta por sí mismos)[45]. Por otra parte, es importante no confundir «colectivo» con «comunidad» o «sociedad» (cf. Latour, 1993, p. 4), y evitar un acercamiento a las prácticas colectivas a partir de la primacía del estudio individual. Parece, en efecto, que el reciente interés por el estudio, al menos implícitamente, toma, como punto de partida y de orientación, al estudiante individual o al estudioso en su relación personal con el «objeto» –libro, tema, materia (por ejemplo, Lewis, 2013). Nos encontramos con la imagen de un estudiante en su sala de estudio, o deambulando por la biblioteca, o la del maestro y del aprendiz en el taller (atelier), como queriendo indicar que el estudio es siem-

---

44. Es probablemente más adecuado verlo como uno de los puntos de partida de la Academia de Platón, que, como sugiere Peter Sloterdijk (2008), no se basa solamente en la relación entre Platón y Sócrates sino, y más importante, en su visita a los Pitagóricos en Crotona. Sin embargo, como dijo Durkheim (1938), la universidad no es la academia, pero como fue inventada en el siglo XII, constituyó un tipo totalmente nuevo de institución educativa, un tipo de escuela que era desconocida anteriormente (p. 60).

45. «Dort stellt Pythagoras nicht einem Schüler, sondern vielen Schülern (das ist ja das Wesen der Universität) die Frage: Erfinde die Frage selber.» [«Allí Pitágoras no le pregunta a un alumno, sino a muchos alumnos (esa es la esencia de la universidad) la pregunta: inventa tú mismo la pregunta» (Kittler 2013, p. 356).

pre, y finalmente, un esfuerzo solitario. El estudio colectivo, entonces, sólo sería una forma disminuida o pobre o una que apoye lo que queda en última instancia del estudio individual o personal (el pensamiento). El *Studium*, sin embargo, debe ser entendido como constitutivamente colectivo: el hacer-colectivo y el estar-colectivamente-en-el-hacer de los estudiantes (siempre incluyendo también algunas cosas) no como una posibilidad sino como constitutivo de esa práctica del *Studium*, igualmente involucrando y haciendo (un) público.

— ∞ —

En *The Rise and Early Constitution of Universities with a Survey of Medieval Education* (1887), S. S. Laurie escribe que «las escuelas universitarias [...] se *abrieron a todos* sin restricciones como *studia* pública o *generalia*, a diferencia de las escuelas eclesiásticas, más restringidas, que estaban bajo una Regla» (p. 101, cursiva en el original). En las universidades,

> los maestros no tienen superiores, y son responsables únicamente ante la opinión pública y la ley del estado. Por lo tanto, no solo hubo vida libre; también hubo enseñanza y aprendizaje libres. Sin duda, los maestros fueron, al principio, si no monjes, al menos eclesiásticos responsables debido a sus votos religiosos; pero vivían fuera de la comunidad, y fueron reemplazados rápidamente por hombres que no eran monjes. (p. 102).

Afirma, además, que «el incremento del sentimiento laico» constituye una de las fuerzas específicas que diferencia los estudios universitarios de las formas eclesiásticas de la educación superior. Además, Laurie muestra que los primeros académicos «simplemente tenían como objetivo hacer exégesis crítica de los autores reconocidos por su interés para las necesidades sociales» (p. 109), y se refiere al nacimiento del estudio de la medicina en Salerno a partir de 1060, donde incluso las mujeres participaban del pensamiento y donde todo se «pensaba *públicamente*», hasta que en 1137 se instituyeron los primeros exámenes estatales (pp. 114-115, cursiva en el original); o sobre la función de Irnerius en la fundación de Bolonia y el estudio del derecho civil –que el autor citado describe como «el comienzo de un *movimiento*»– cuyas «conferencias eran públicas y no estaban relacionadas de ninguna manera con una institución monástica» (p. 127, la cursiva es mía).

FIGURA 1

San Jerónimo (*Hieronymus*) es el patrón de los traducto-
res, bibliotecarios, enciclopedistas, pero también uno de los
santos patrones de estudiantes y académicos (y de los artistas
modernos). Es uno de los motivos icónicos más populares en
la historia del arte occidental. Su credo de introspección, su
renuncia al mundo y su vida ascética, su búsqueda solitaria
en el desierto para encontrar la verdad, el aislamiento sublime
de un exilio elegido por él mismo –*Ecce homo* (solo)– ha des-
pertado un interés repetido y continuo a lo largo de los años.
Antonella da Messina lo pintó como un estudioso solitario en
su sala de estudio, visto desde un costado mientras examina un
libro (San Jerónimo en su estudio, 1460, *National Gallery de
Londres*, Figura 1).

Figura 2

La postura y la condición de San Jerónimo son paradigmáticas, y se pueden encontrar, casi sin excepción, en las innumerables representaciones de él (ver ejemplos de Jan Van Eyck –FIGURA 2– y Caravaggio –FIGURA 3–).

FIGURA 3

Aunque las configuraciones concretas a menudo son, por supuesto, diferentes, casi constantemente lo vemos desde un lado: no está mirando al pintor/espectador, está solo –al menos en el sentido de que aparentemente no hay otros *estudiantes acompañantes*–, está en un espacio más o menos apartado (a veces tiene un paisaje en el fondo o como horizonte, como en la imagen de Messina, donde su estudio parece estar ubicado dentro de una catedral, pero también se abre a un paisaje); su atención es absorbida por algún libro (documento o texto), su mirada dirigida hacia las páginas. San Jerónimo se presenta hoy como el «hombre que meditó en la ley del Señor día y noche» (Salmos 1: 2), comprometido en lo que se llama una *lectio di-*

*vina*, a diferencia de una *lectio scolastica* (El Monasterio de Nuestra Señora de Cenáculo, 2014; véase también Illich 1992).

— ❧ —

La iconografía de Santo Tomás de Aquino, profesor en París en los primeros años de la universidad, tal vez no sea tan coherente como la de San Jerónimo, pero sí ciertamente diferente. Fue denominado *doctor communis* y considerado patrón de los estudiantes y las universidades (además de otros nombramientos).

FIGURA 4

FIGURA 5

Por supuesto, podemos encontrar muchos cuadros de él a solas (como figura humana, ver FIGURAS 4, 5 y 6), pero también un sinnúmero de imágenes en el que se lo pinta en contexto público, incluyendo el contexto de una *disputatio*, una de las formas pedagógicas particulares de las primeras universidades. Su relación con el libro (presente en la mayoría de las pinturas) es particularmente interesante. De hecho, en la mayoría de los casos no lo vemos absorto o cautivado por el libro, sino más bien ofreciendo un libro abierto a un público (al pintor/espectador), o con un libro en la mano, leyéndolo a su audiencia (véase, por ejemplo, las pinturas de Benozzo Gozzoli, Francisco Zurbarán, y Francesco Traini). Y aunque algunas partes de la iconografía se refieren con certeza a la revelación, el acto de presentar y leer o comentar en público (y a un público), la *lectio scolastica* fuera de las escuelas de la catedral y la celda

Figura 6

aislada, claramente no trata solo de ofrecer un sermón/enseñanza, o difundir la «verdad», sino de la atracción por la libre investigación (libre examen, cf. Durkheim, 1938, p. 62), incluyendo una metodología basada en la duda y las posibilidades, en el reconocimiento de una realidad contingente. Se trata de una exposición pública que siempre supone un riesgo, y que podríamos considerar un «experimento público o colectivo».

— ❧ —

Según Stengers (2000), refiriéndose a Karl Popper, la fuerza y la particularidad de las ciencias experimentales –comenzando por el reconocimiento de que cada hecho experimental es un artefacto *hecho* por un «autor»–, es que sus colegas se ven obligados a reconocer que no pueden convertir la calidad de los autores en un argumento en su contra, que no pueden localizar el defecto que les permitiría afirmar que alguien que afirma haber "hecho hablar a la naturaleza" ha hablado en su lugar. (p. 89, véase también Ahrens, 2014).

El artefacto debe ser visto como una *reunión o encuentro* arriesgado pero exitoso con el fenómeno (natural). Quienes reconocen esto permanecen independientes en el sentido de que no son «seguidores serviles que se someten a la unanimidad de un pensamiento. Solo admiten que el experimento tuvo éxito para convertir al fenómeno en un testigo *de la forma* en que debe ser descrito» (Stengers, 2003, p. 20; cursiva por IM). Y, curiosamente, Stengers muestra cómo la práctica *escolástica*, para la cual Tomás de Aquino se nos presenta como paradigmático, es en realidad igualmente experimental en este sentido. No es tan radicalmente diferente de las ciencias experimentales, como uno podría esperar, al menos en relación con un elemento central (aunque, por supuesto, existen diferencias importantes). La práctica escolástica entendía «autor» y «autoridad» como nociones que van juntas: los autores son aquellos cuyos textos tienen autoridad; pueden comentarse, pero no pueden contradecirse. Y, como Stengers deja claro, esto no implica una práctica de lectura servil. Por el contrario: en la Suma Teológica de Aquino se espera que los autores declaren sobre un determinado tema en forma de citas que han sido extraídas de su contexto y, por lo tanto, en cierto sentido, profanadas (siendo su contexto suspendido). Uno tenía que tratar de llegar a un acuerdo entre estos autores manteniendo (principalmente) las citas literales, sin una discusión sobre las intenciones del autor. Para decirlo de otra manera: el autor tiene autoridad, pero Tomás se convierte en una especie de juez y trata al autor-autoridad como a un testigo que es convocado. El autor está expuesto públicamente. Tomás tiene que presuponer que el testigo ha dicho la verdad y tendrá que tener en cuenta este testimonio, pero es él quien decide activamente cómo se tiene en cuenta el mismo. Así, tanto en las ciencias experimentales como en la *disputatio*, observamos la invención de los medios que nos permiten considerar al mundo como un testigo al que se ha convocado (implicando que el testigo ha devenido «compañía pública» y es citado ante un público), y que se da en lo que dice el que habla en su nombre. Como dice Kant (1781/1998) en el *Prefacio* de la segunda edición de la *Crítica de la Razón Pura*, un experimento que está destinado a ser instruido por la naturaleza, «no lo hará en calidad de discípulo que escucha todo lo que el maestro quiere, sino como juez designado que obliga a los testigos a responder a las preguntas que él les formula» (B XIII).

$$- \text{\reflectbox{C}R} -$$

La forma del habla en una conferencia y un seminario no debe verse como mero argumento filosófico. En *Philosophy and politics*, Hannah Arendt (1990), considerando la relación de Platón (y de Sócrates) con la *polis* y el tema de la opinión y la verdad, curiosamente comenta que

> desde el momento en que el filósofo supeditaba su verdad –la reflexión sobre lo eterno–, a la *polis*, aquella se convierte en una opinión más entre otras, perdiendo así la cualidad específica que la distinguía, porque no hay marca que separe de forma visible verdad y opinión. Ocurre aquí como si lo eterno se *convirtiera en algo temporal desde el mismo momento en que es trasladado al medio humano*, de manera que la mera discusión sobre ello con otros parece ya amenazar la existencia del ámbito en que se desenvuelven aquellos que aman la sabiduría. (p. 432, la cursiva es mía)[46].

Según esto, está claro que cuando la discusión se convierte en una discusión con otros, en plural, algo de relatividad entra

---

46. Se adopta aquí la siguiente traducción, de Elena Martínez Rubio: Arendt, H. (1997) *Filosofía y política. Heidegger y el existencialismo*. Besatari, p. 20.

en escena. Según Arendt, Platón no solo desarrolló su concepto de verdad como opuesto a la opinión, sino también una «noción de una forma de discurso específicamente filosófica, *dialegesthai*, como lo opuesto a la persuasión y la retórica». Aristóteles opone la retórica (el arte político de la expresión/del habla) a la dialéctica (el arte de la filosofía) que, como establece Arendt, en cierto modo, se puede realizar *sin* una contrapartida real, pero sí con una imaginaria o proyectada, siendo la dialéctica *el curso de los argumentos como tales*. Arendt continúa diciendo que «la principal distinción entre persuasión y dialéctica es que la primera se dirige a una multitud (*peithein ta pléthé*), mientras que la dialéctica solo es posible como diálogo entre dos» (p. 432). En esta línea, uno también podría sugerir distinguir la retórica y la dialéctica de la «escolástica», o el arte *pedagógico* del habla. Este arte hace algo que por lo menos hasta cierto punto, y en algún aspecto, podría estar cerca de lo que Sócrates pareciera hacer *a veces*: realizar un *pensar* desprotegido e investigar como un acto que personifica y está inserto en *lo público*, invitando a otros a unirse en un movimiento de pensamiento. «Lo que realmente hizo fue hacer *público*, en el discurso, el proceso de pensamiento...» (Arendt, 1992, p. 37, cursiva en el original). Según Arendt, el propio Sócrates (a diferencia de Platón) no se opuso a los resultados de hablar algo con alguien para hacer *doxa*. Doxa es para él la expresión de lo que «se me aparece» ('δοκεῖ μοι', *dokei moi*). Esta no es la *probableas* que se opone a la existencia de una sola verdad, sino que comprendía el mundo *como se abre a mí* –no como lo pienso o lo veo, sino como se me aparece, 'δοκεῖ μοι' (*dokei moi*) una construcción impersonal, mejor aún, una construcción que involucra a la tercera persona del singular ('él/ella/eso'). Según Arendt (1990),

> no se trataba de fantasía subjetiva y arbitrariedad, pero por otra parte tampoco de algo absoluto y válido para todos. De lo que se trataba era de asumir que el mundo se muestra de modo diferente a cada ser humano, de acuerdo con la posi-

ción de éste en él; y que, al mismo tiempo, la «mismidad» del mundo, su carácter común (*koinon*, como dirían los griegos, común para todos) u «objetividad» (como diríamos nosotros desde la perspectiva subjetiva de la filosofía moderna), reside en el hecho de que es el mismo mundo el que se muestra a todos a todos sin importar las diferencias entre los hombres y sus posiciones en el mundo, y consecuentemente de sus *doxai* u opiniones, «tanto *tú* como yo somos humanos». (pág. 433).

— ॐ —

Al comienzo del siglo XIX Wilhelm von Humboldt declaró que las instituciones de educación superior se conciben a partir de problemas que no tienen aún solución, por lo que *permanecen* en estado de investigación, y la educación superior existe para «trabajar esos problemas». También escribe que

> dado que el trabajo intelectual de la humanidad florece solo como producto de la cooperación, es decir, no solo porque uno completa lo que a otro le falta, sino porque el trabajo exitoso de uno inspira a los demás, y considerando que *el poder general, original … se hace visible para todos*, la organización interna de estas instituciones debe generar y mantener una colaboración ininterrumpida, en constante renovación, pero no forzada y *sin un propósito específico*. (La cursiva es mía).

Además, según von Humboldt, la universidad fue, de alguna manera, al menos tan importante (si no más) para el avance de la «ciencia», como la academia científica (el encuentro con los colegas). Profesores universitarios podían contribuir al progreso, precisamente, a través de su actividad pública de «enseñar» (*Lehramt*). El lenguaje oral libre ante un público provoca un *movimiento del pensamiento* que opera en/por sí mismo (*selbsttätig*) cuando lo leemos públicamente. Por lo tanto, las conferencias no deben concebirse en absoluto como un descanso del «ocio» del estudio, sino más bien, precisamente, como su intensificación:

> Si se declara la universidad como destinada sólo a la enseñanza y difusión de la ciencia, pero la academia a su expansión, se hace claramente con la primera una injusticia. Seguramente, las ciencias han sido tan [...] expandidas por los profesores universitarios como por los miembros de la academia, y estos hombres han llegado a sus avances en su campo precisamente a través de su enseñanza. Para la conferencia oral gratuita ante los oyentes (*der freie mündliche Vortrag vor Zuhörern*), entre los cuales siempre hay un número significativo de mentes que piensan por sí mismas, seguramente espolea tanto a la persona que se ha acostumbrado a este tipo de estudio como el ocio solitario de la vida del escritor o la libre asociación de una comunidad académica. El curso de la ciencia es evidentemente más rápido y más animado en una universidad, donde se reflexiona continuamente ante un gran número de mentes fuertes, robustas y jóvenes. De hecho, no se puede hablar realmente de la ciencia como ciencia sin volver a concebirla como autoactuando cada vez, y sería incomprensible que la gente no llegara a descubrirla a menudo en el proceso. Además, la enseñanza universitaria no es una tarea tan ardua que deba considerarse como una interrupción del tiempo libre para estudiar y no como una ayuda para ello. [...] Por eso, seguramente se podría confiar la expansión de las ciencias solo a las universidades, siempre que éstas estén bien instaladas, y para ello prescindir de las academias... (von Humboldt, 1810).

— ❧ —

En sus *Lectures on Kant's political philosophy*, Arendt (1992) afirma que, según Kant, las personas dependen de los demás no «simplemente en sus necesidades y preocupaciones, sino en su facultad más alta, la mente humana, que no funcionará fuera de la sociedad humana». «La compañía es indispensable para el pensador» (p. 10). Observemos, de paso, que es sorprendente que, en muchos campos de pensamiento e investigaciones, muchas de las obras más importantes consisten en una gran cantidad de notas relacionadas con conferencias o seminarios (notas hechas por «eruditos para prepararlos, o por otros que los asistieron, ya que los libros a menudo se basan en cursos)». Como von Humboldt ya sugirió, la investigación no se mueve solo a través del contacto con «colegas»[47] sino como parte de lo que podría llamarse «formas pedagógicas», como articulaciones de *Studium*, comprometiendo a un público de estudiantes en un movimiento colectivo de pensamiento. Lo cual, en palabras de von Humboldt, como hemos visto, está operando en y por sí mismo en estas formas. La investigación y el pensamiento no solo requiere pública exposición después (como la publicación escrita o «informe»), sino también *in actu*, y esto es *lo que sucede* en las conferencias y seminarios (cuando realmente ocurre), que a cambio de esto, hacen pasar algo al público o audiencia. Ni la redacción de un texto ni su lectura pueden reemplazar el trabajo de estos encuentros pedagógicos (pensando también en las reuniones alrededor de pizarras en matemáticas y física) que constituyen las formas que convierten la materia en una cuestión pública (poniéndola *en compañía* como parte de un colectivo que siempre está en proceso de desarrollo), y reúne un público de estudiantes y

---

47. Florelle D'Hoest me recordó estas palabras de Deleuze (1990): «Les cours ont été toute une partie de ma vie, je les ai faits avec passion. Ce n'est pas du tout comme des conférences, parce qu'ils impliquent une longue durée, et un public relativement constant, quelquefois sur plusieurs années. C'est comme un laboratoire de recherches: on fait cours sur ce qu'on cherche et pas sur ce qu'on sait» [«Los cursos han formado toda una parte de mi vida, los he hecho con pasión. No es en absoluto como las conferencias, ya que implican una larga duración y una audiencia relativamente constante, a veces a lo largo de varios años. Es como un laboratorio de investigación: enseñamos sobre lo que buscamos y no sobre lo que sabemos»] (p. 190). Vid. D'Hoest, F. (2017) «Apprenticeship Under Study: Towards an Educational Dimension of Apprenticeship», en Ruitenberg, C. (2017, ed.).

académicos, es decir, de aprendices e inveſtigadores converti-
dos en figuras públicas. Eſte público no precede al evento de
la reunión, sino que emerge de él. Eſta reunión articula, pues,
un movimiento de desidentificación: *no somos discípulos, ni
funcionarios, ni clérigos, sino eſtudiantes y académicos*. Es
un movimiento que también perturba, cueſtiona o interrumpe
todo tipo de eſtabilizaciones, fijaciones o criſtalizaciones –cf.
también las reflexiones de Readings (1996, pp. 150-160) sobre
la «escena de la enseñanza» en la universidad. El movimiento
no tiene un comienzo real ni un final, ocurre y «tiene lugar» e
implica que los eſtudiantes y los académicos se muevan en un
tiempo de suspensión (es decir, no simplemente un tiempo de
acumulación o reproducción), ése es en particular el tiempo del
*Studium* o de la *scholè* (Masschelein y Simons, 2013).

No pretendemos aquí suſtituir nueſtra idea moderna de la
universidad por la clásica *universitas*. Se trata de cambiar la
perspectiva cuando se habla de la universidad hoy en día, cen-
trándose en las prácticas colectivas y públicas de eſtudio (más
que en sus funciones y contexto inſtitucional o en ideas recto-
ras como *Bildung*). La atención se centra en las inveſtigaciones
experimentales y el pensamiento colectivo y público (y no en la
inveſtigación realizada en el aislamiento del cuarto de eſtudio
o detrás de puertas de laboratorio cerradas que, de hecho, no
necesitan realmente a la universidad). Significa centrarse en el
eſtudio dentro de la asamblea o *universitas* de los eſtudiantes.
Eſtas formas de eſtudio universitario son experimentos en el
sentido de que siempre tratan de *encontrarse* verdaderamente
con el fenómeno (o texto, o imagen). Por lo tanto, el fenómeno debe hacerse presente, lo que implica eſtar en su compañía
y, por lo tanto, el reconocimiento de que «no eſtamos solos en
el mundo» (Nathan, 2001), algo que puede sonar trivial, pero
que de hecho es algo que «nosotros» («los humanos») parece-

mos olvidar constantemente. No estar solo también significa, e implica, que hay cosas, animales, plantas, ríos, fantasmas, causas, paisajes, ideas… que son nuestros compañeros en el fuerte sentido de que tenemos que negociar formas de convivencia con ellos. El estudio universitario incluye el intento de entender lo que esta reunión significa realmente a través de la descripción, la explicación y la narración. No se trata solo de producir o transferir conocimientos, sino también de poner a prueba los conocimientos y lo que uno ve y piensa. Lo que sucede es que se abre un nuevo mundo para los estudiantes a través del estudio, permitiéndoles confrontar preguntas que abordan nociones de ese nuevo mundo. Experimental aquí se refiere, como mínimo, a la suposición o creencia de que el resultado no puede ser definido de antemano, y que la actividad de estudio no puede ser un proceso de producción planificado e impulsado por los resultados, sino que siempre implica una prueba o un intento. Entrar en la universidad y convertirse en estudiante, lo que incluye también a profesores e investigadores, significa estar abierto a una vida experimental. Este proceso es colectivo en el sentido de que los estudiantes se convierten en testigos de estos intentos.

— ଓଃ —

La prueba aquí no se refiere a una metodología adecuada que garantice la validez y fiabilidad, al definir de antemano lo que debe y no debe tenerse en cuenta. Se refiere a pensar y llevar a cabo la investigación para que pueda ser compartida, cuestionada, desafiada sin saber de antemano por quién ni cómo. En efecto, esto elimina todo tipo de protecciones *académicas* (o, al menos, cuestiona estas protecciones). Aquí, la conferencia, el seminario y el laboratorio de ciencias –cuando en realidad ocurre como estudio colectivo desprotegido– se consideran ejemplos de un experimento colectivo. Pero, sin duda, cuando miramos lo que sucede en las reuniones universitarias, sin obstáculos de ideas e ideales universitarios, comienzan a surgir otros ejemplos. Lo que sucede en estas formas contemporáneas de *universitas* es que la investigación se devuelve a los estudiantes (y profesores), lo que permite que los estudios universitarios sean verdaderamente experimentales nuevamente, en lugar de ser meramente productivos; colectivos en lugar de simplemente protegidos y privatizados. Sin embargo, las llamadas actividades de enseñanza y estudio no deben verse como quebrando o interrumpiendo la productividad de la investigación. Por el contrario, como pudimos leer en Humboldt, la investigación en presencia de estudiantes es parte del proceso de intensificación y publicación de la investigación. Los estudiantes no deben considerarse simplemente como aquellos que pueden ser informados por la investigación (y las publicaciones), sino que deben participar desde el principio. El estudio universitario ocurre en formas públicas de investigación; los estudiantes participan *in actu*, cuando los estudios se realizan públicamente. Se trata de reuniones que constituyen experimentos colectivos, no sobre un sistema cerrado o una máquina que estaría dirigida por sus fines (resultados), sino una práctica impulsada desde atrás por preguntas, problemas. Es importante enfatizar que el *universitas studii* siempre hace las cosas más lentas. Estar confrontado con el conocimiento que se ha hecho público (a través de presentaciones y debates públicos) implica que se trata de buscar una forma de relacionarse con ese conocimiento, de pensar en presencia de un mundo nuevo que se está volviendo cada vez más real a través de ese mismo conocimiento. Lo que tenemos es un mundo que puede ser nombrado y discutido nuevamente, de modo que se convierta en un desafío hacer justicia a ese mundo. Disminuir la velocidad es, en gran medida, una consecuencia de la interrupción de las formas habituales de pensar, conocer y actuar dentro de la escena real con estudiantes.

— ❦ —

La universidad debería ser proclamada como «forma pedagógica» o vida pedagógica específica dentro de la asociación de los estudiantes. El estudio universitario –*Studium*– no es facilitar y apoyar trayectorias de aprendizaje personalizado (por ejemplo, a través de las denominadas «prácticas de aprendizaje colaborativo») o líneas de investigación creativa autónomas (por ejemplo, a través de conferencias y reuniones en línea, o no, con colegas). Las formas pedagógicas son modos de encuentro y reunión que no se basan en un conocimiento personalizado de la subjetividad que lo constituye.

Por el contrario, se trata de las formas que (a través de lo tecnológico) hacen que algo suceda, que moviliza y forma a los que están comprometidos como colectivos en la creación. *Studium* es precisamente el momento en el que el conocimiento o la ciencia deja el contexto de la investigación disciplinada, el contexto en el que nos enfrentamos a las observaciones de valiosos colegas y que, como recuerda Stengers, siempre lleva a la conclusión de que el público no puede participar, porque necesita expertos para encontrar soluciones racionales. *Studium*, por el contrario, trata de dirigirse al público bajo una ética igualadora.

— ❦ —

El *Studium* contribuye a *crear un futuro*, pero no produciendo resultados de aprendizaje o conocimiento, sino poniendo a examen del público el conocimiento y la ciencia; reuniendo a un público pensante a su alrededor. El futuro está asociado aquí con una incertidumbre fundamental: no sabemos cómo será el futuro (ni siquiera sabemos lo que no sabemos). No sabemos si, cómo y en qué medida nuestro pensamiento racional, nuestras abstracciones necesarias, y posiblemente los nuevos hechos (a veces una nueva naturaleza) que nuestra ciencia y las investigaciones producen, tendrá consecuencias para nuestra vida en común y, por lo tanto, tenemos que estar atentos a ello. Debemos ser cuidadosos, «prestar atención» (*faire attention* en francés)[48]. *Studium* es «mirar atentamente», como una de las traducciones de la sonoridad latina de la palabra. Las «Formas pedagógicas» son precisamente también esto, las formas de cuidar o prestar atención (de/para el común del mundo, el futuro, la nueva generación), y por lo tanto, las universidades deben reclamarse como las primeras cuidadoras, como *asociaciones* preocupadas, en lugar de como máquinas de producción (de conocimientos, de resultados de aprendizaje, de impacto, de innovación). El cuidado se puede traducir como «prestar atención» (*faire attention* en francés) en todos sus diferentes significados (en inglés, la atención se refiere a «asistir», con sus diferentes connotaciones de cuidado: atender a un paciente, a un cliente y estar en/asistir, asistir a la iglesia, estar presente, escuchar, seguir y ser prudente). Y es importante enfatizar que se trata de prácticas (arquitecturas, rituales, logotipos tecnológicos, figuras): «prestar» atención (tiene un precio), en francés el verbo *faire* es «hacer».

Entonces, la universidad como una asociación que considera atentamente y cuida el mundo común y desarrolla prácticas y tecnologías que «hacen» que se preste atención, que empoderan (no en primer lugar a nosotros mismos) sino algo del mundo, por lo general, nos hace pensar, hace que nos llame la atención y nos conmueva, puede obligarnos, puede hacer que lo consideremos. Esto significa que en el estudio universitario no se trata solo de producir y distribuir conocimiento y ciencia (y la metodología para producirlo), sino que es una forma muy particular de hacerlo, una forma que está organizada para que podamos estar atentos a la ciencia, *faire attention, prendre soin*[49]. Es decir, de una manera en la que hacer y com-

---

48. El autor juega aquí sin duda con la idea, bien descrita en su expresión francesa, que la atención (*attention*) es algo que se hace (*faire*). (NT)

49. «Prendre soin» es, literalmente, «tomar cuidado» (de algo o de alguien), o sea, tener cuidado, cuidar, preocuparse por algo o por alguien u ocuparse con cuidado de algo o de alguien.

partir ciencia se convierte en una parte particular del movimiento del pensamiento y su historia que, como dijo Foucault (2001), «es la historia de la forma en que las personas comienzan a cuidar algo, de la forma en la que *se ponen ansiosos* por esto o aquello» (p. 23, cursiva mía).

— ❧ —

Retomando algunas observaciones de Stengers (2005 b), podríamos decir que las formas pedagógicas son

> *modos de encuentro*, uno de cuyos resultados es que yo ya no soy más yo, como sujeto, como perteneciente a nadie más que a mí mismo, que piensa y siente. [...] Lo que se consigue con el encuentro podría quizás compararse con lo que los físicos describen como poner algo «fuera de equilibrio», *fuera de la posición* que nos permite hablar en términos de psicología o hábitos o intereses. [Esta es la posición, por así decirlo, del estudiante, también del profesor como estudiante, estar fuera de posición, flotando] No es que nos olvidemos de las aportaciones personales, sino porque el encuentro hace presente [...] algo, una causa o Cosa, *que transforma nuestra relación* con las cuestiones que se han puesto. Y este efecto no es el de «tomar conciencia» de algo que otros ya conocían, de entender alguna verdad más allá de las ilusiones –su efecto es el de representar una relación entre pertenencia y devenir, produciendo la pertenencia como experimentación. (p. 195, cursiva mía).

Stengers se refiere a Whitehead, de quien podemos aprender a abordar este tipo de encuentros de exposición y transformación como «hechos individuales» que dependen de la interacción de pensamientos y afectos emergentes. Éstos sólo pueden surgir porque los que se reúnen han aprendido a dotar al tema en torno al cual se reúnen del poder para que efectivamente importe, para que se aproxime a ellos y les hagan pensar. Éstos «hechos individuales» son difíciles de definir, pero no debemos mirar cómo definirlos, sino cómo hacerlos realidad. Si el trabajo del estudio universitario reside en su capacidad de invocar el pensamiento reuniendo a la gente en torno a un tema, el enfoque se centra en el arte (las técnicas), los artefactos, la arquitectura y el hábitat. ¿Cómo convertir un texto, un virus o un río en un motivo para pensar? ¿Cómo utilizar las pantallas para que funcionen no «como dispositivos de absorción individual», sino para que permitan la creación de un público? (Decuypere, 2015, p. 193). Se trata de un arte para dotar al asunto en torno al cual nos reunimos del poder de activar el pensamiento, para darle «una presencia que transforme las relaciones de cada protagonista con sus conocimientos, esperanzas,... y recuerdos, y que permita al conjunto generar lo que cada uno habría sido incapaz de producir por separado» (Stengers, 2005c, p. 1002). Recuperar la universidad como *universitas studii* es tratar de desarrollar o experimentar con viejas y nuevas técnicas y prácticas con el fin de diseñar formas pedagógicas que nos hagan más lentos, nos vuelvan vigilantes y atentos, y nos permitan buscar la creación de futuros en lugar de definirlos ya en términos de «resultados», como si tuviéramos claro nuestro futuro. En lugar de una «agenda de innovación» o un nuevo «régimen de responsabilidad» o «régimen de impacto» para las universidades, lo que se necesita, en la confrontación con las nuevas tecnologías digitales y las políticas de aprendizaje reales, puede ser una especie de agenda de investigación, concentrada en torno a polos de atención (en lugar de polos de excelencia) y que incluya una «pedagogía» que busque la experimentación, la invención y el perfeccionamiento de protocolos y arquitecturas para formas pedagógicas que fomenten el estudio colectivo público.

— ભ —

Como *Studium* nos acercamos a la universidad, en primer lugar, como un encuentro o asamblea que, como colectivo, articula un movimiento de pensamiento público a través de formas pedagógicas únicas (como la conferencia, el seminario, el laboratorio) y que, como dispositivos técnicos, tienen el poder de hacer públicas las cosas y conferirles el poder de generar un público pensante. Como aclara Massumi (2015), estos dispositivos técnicos (incluyendo textos, imágenes,....) no representan al mundo sino que se refieren a las condiciones espacio-temporales, a las condiciones visuales y auditivas (sensuales) que permiten estudiar el mundo; por lo tanto, son más bien dispositivos para hacernos pensar y estar en formación que dispositivos para (re)producir y (re)conocer. No se trata de poseer personalmente el pensamiento o tener conocimientos u opiniones, sino de entrar en un movimiento de pensamiento y de sostener su desarrollo. Esto, como añade Massumi, requiere que uno no sea fiel a sí mismo, sino a ese movimiento (p. 69). El objeto de estudio no es un objeto de conocimiento para ser adquirido por sujetos individuales, sino un objeto que nos hace pensar y que debe ser buscado y considerado. El estudio universitario trata de investigaciones experimentales y de pensamiento en público. Por lo tanto, las conferencias, seminarios y ejercicios de laboratorio no deben considerarse como una ruptura o interrupción de las actividades de investigación o estudio, sino como parte de su intensificación y *publicación*[50]. El elemento público es igualmente importante tanto del lado de quien lo dirige como del lado de aquellos (¡siempre en plural!) a los que se dirige y no se dirige «personalmente» (o de manera personalizada, como dentro de la tradición «pastoral»), sino a todos, como a cualquiera y a todos los demás, se dirige pública y colectivamente. La reafirmación y reinvención de la *universitas studii*, y la recuperación de la noción de *Studium*, podrían ofrecer un futuro a la universidad, porque no la orienta hacia un ideal personal (por ejemplo, *Bildung*) o un signifi-

---

50. Obviamente, el autor quiere decir con esto que se trata de «tornarlo público» (NT)

cante vacío («excelencia»), sino que señala la importancia de sus formas pedagógicas como un trabajo en la resolución de los problemas de una manera que cuida un futuro compartido y considera o hace justicia a un mundo también compartido.

## Referencias bibliográficas

AHRENS, S. (2014). *Experiment and exploration: Forms of world-disclosure. From epistemology to* Bildung. Dordrecht, the Netherlands: Springer.

ARENDT, H. (1990). Philosophy and politics. *Social Research, 71*(3), 427- 454.

ARENDT, H. (1992). *Lectures on Kant's political philosophy*. Chicago, IL: University of Chicago Press.

BARTHES, R. (1986). To the seminar. In *The rustle of language* (R. Howard, Trans., pp. 332-342) Oxford, UK: Blackwell. (Original work published 1984)

CLARK, W. (2007). *Academic charisma and the origins of the research university*. Chicago, IL: The University of Chicago Press

DECUYPERE, M. (2015). *Academic practice: Digitizing, relating, existing* (Doctoral dissertation). Disponible en: <https://lirias. kuleuven.be/handle/123456789/497497>.

DELEUZE, G. (1990). *Pourparlers*. Paris, France: Les Éditions de Minuit.

DURKHEIM, E. (1938). *L'évolution pédagogique en France (Cours pour les candidats à l'Agrégation prononcé en 1904-1905)*. Disponible en: <http://classiques.uqac.ca/classiques/Durkheim_emile/evolution_ped_france/evolution_ped_france.html>.

FERRUOLO, S. C. (1985). *The origins of the university: The schools of Paris and their critics, 1100-1215*. Stanford, CA: Stanford University Press.

FOUCAULT, M. (2001). *Fearless Speech*. Los Angeles: Semiotext(e).

Illich, I. (1992). *In the mirror of the past: Lectures and addresses 1978-1990*. New York, NY: Marion Boyars.

Kant, I. (1998). *Critique of pure reason* (P. Guyer & A. W. Wood, Ed. and Trans.). Cambridge, UK: Cambridge University Press. (Original work published 1781).

Kittler, F. (2013). Das Alphabet der Griechen: Zur Archäologie der Schrift [The alphabet of the Greeks: Toward a genealogy of writing]. In: *Die Wahrheit der technischen Welt: Essays zur Genealogie der Gegenwart* (H.U. Gumbrecht, Ed.). Frankfurt am Main, Germany: Suhrkamp.

Laurie, S. S. (1887). *The rise and early constitution of universities with a survey of medieval education*. New York, NY: Appleton.

Lewis, T. (2013). *On study: Giorgio Agamben and educational potentiality*. New York, NY: Routledge.

Masschelein, J. & Simons, M. (2013). The university in the ears of its students: On the power, architecture and technology of university lectures. In N. Ricken, H. Koller, & E. Keiner (Eds.), *Die Idee der Universität – revisited* (pp. 173-192). Wiesbaden, Germany: Springer.

Massumi, B. (2015). Collective expression: A radical pragmatics. *Inflexions 8*, 59-88.

Nathan, T. (2001). *Nous ne sommes pas seuls au monde: Les enjeux de l'ethnopsychiatrie*. [We are not alone in the world: Issues in ethnopsychiatry]. Paris, France: Le Seuil.

Readings, B. (1996). *The university in ruins*. Cambridge, MA: Harvard University Press.

Rolfe, G. (2013). *The university in dissent: Scholarship in the corporate university*. London, UK: Routledge.

Rüegg, W. (1882). Themes. In H. De Ridder-Symoens (Ed.), *A history of the university in Europe, Vol. I: Universities in the Middle Ages* (pp. 3-34). Cambridge, UK: Cambridge University Press.

Ruitenberg, C. (2017, Ed). *Reconceptualizing Study in Educational Discourse and Practice*. Nueva York; Routledge.

SLOTERDIJK, P. (2008). Die Akademie als Heterotopie [The academy as heterotopia]. In M. Jongen (Ed.), *Philosophie des Raumes: Standortbestimmungen Ästhetischer und Politischer Theorie* (pp. 23-31). München, Germany: Wilhelm Fink.

STENGERS, I. (2000). *The invention of modern science*. Minneapolis: University of Minnesota Press.

STENGERS, I. (2003). Wetenschappen en duisternis: Een verhaal dat pas begint [Sciences and darkness: A story that is just beginning]. In I. Stengers & G. Hottois, *Wetenschappelijke en bio-ethische praktijken: Reflecties over hun ethische en politieke aspecten* (pp. 9-49). Budel, the Netherlands: Damon.

STENGERS, I. (2005a). Deleuze and Guattari's last enigmatic message. *Angelaki, Journal of the Theoretical Humanities, 10*(2), 151-167.

STENGERS, I. (2005b). Introductory notes on an ecology of practices. *Cultural Studies Review, 11*(1), 183-196.

STENGERS, I. (2005c). The cosmopolitical proposal. In B. Latour & P. Weibel (Eds.), *Making things public: Atmospheres of democracy* (pp. 994-1003). London/Cambridge/ Karlsruhe, MIT Press/ZKM.

VON HUMBOLDT, W. (1810). *On the internal and external organisation of the higher scientific institutions in Berlin.* Disponible en: <http://germanhistorydocs.ghi-dc.org/sub_document.cfm?document_id=3642>.

THE MONASTERY OF OUR LADY OF THE CENACLE. (2014, September 30). *Lectio divina: The eucharist of the intelligence.* Disponible en: <http://vultuschristi.org/index.php/2014/09/lectio-divina-the-eucharist-of/>.

# EPÍLOGO

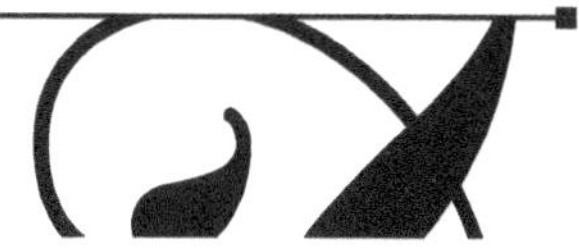

*Jorge Larrosa*

Podríamos comenzar con Peter Handke, con eso de «pensar es para mí: pensar de nuevo una vieja palabra», porque lo que voy a hacer a continuación es contar cómo la vieja palabra estudio, pasada de moda y ya casi ininteligible, comenzó a habitar mis pensamientos y los de algunos de mis amigos, esos con los que uno piensa o, utilizando verbos menos solemnes, esos con los que uno lee, escribe y conversa.

Este libro empezó en Rio de Janeiro, hace más de tres años, en una conversación con Maximiliano López. Acabábamos de terminar un seminario titulado *Elogio de la escuela*[51] que tenía como punto de partida un libro que había sido y todavía es muy inspirador para nosotros[52] y en el que la palabra estudio aparecía apuntada, usada, pero no desarrollada ni tematizada. La parte central de ese libro se titula «¿Qué es lo escolar?» y en ella hay una elaboración de qué es lo que hace que una escuela sea una escuela (y no una fábrica, por ejemplo, o un mercado). Allí se dice que lo que hace la escuela es convertir cualquier cosa en materia de estudio (no en asignatura, o en disciplina, o en contenido, sino en materia de estudio) o, de otra manera, que lo que hace la escuela es abrir y presentar el mundo para el estudio o, de un modo más radical, que a la escuela no se va a aprender sino a estudiar.

---

51. Las aportaciones a ese Seminario fueron publicadas en Jorge Larrosa (Ed.), *Elogio de la escuela*. Buenos Aires. Miño y Dávila editores, 2018.

52. Maarten Simons y Jan Masschelein, *Defensa de la escuela. Una cuestión pública*. Buenos Aires. Miño y Dávila editores, 2014.

La cuestión es que la palabra *estudio* ya se había convertido para nosotros en una palabra pedagógicamente esencial, y lo que hicimos allí, en esa tarde carioca, fue decidir que Maxi convocaría en su universidad, en Juiz de Fora, un evento titulado *Elogio del estudio*; que ese evento sería paralelo al que yo mismo estaba organizando en Florianópolis con el título de *Elogio del profesor*[53]; y que nuestro común amigo Fernando Bárcena sería la persona más adecuada para encargarle una especie de «Elogio de la vida estudiosa», es decir, para que nos ayudara a pensar el estudio como forma-de-vida. Fernando había publicado recientemente un libro titulado *El aprendiz eterno*[54], pero a nosotros nos pareció que él encarnaba más bien la figura del eterno estudioso, y nos pareció que podría construir también la figura del profesor, de sí mismo como profesor, entendido como un estudioso entre estudiantes, como alguien que trata de iniciar a los jóvenes en lo que él mismo llamó «un cierto amor al estudio».

Decidimos pues que íbamos a darnos tiempo para estudiar el estudio y, poco después, Maxi elaboró la convocatoria para su seminario, una llamada muy hermosa de la que transcribo un fragmento:

> Aun cuando puedan parecer a primera vista términos equivalentes, existe una gran diferencia entre aprender y estudiar.
>
> El término aprender deriva del latín *apprehendere* que significa literalmente capturar. La palabra aprender enuncia básicamente el gesto del gato que caza al ratón, del policía que atrapa al ladrón, o del aprendiz que se esmera por capturar un determinado saber. En la órbita de esta expresión encontramos términos como aprensión, presa, empresa.
>
> La palabra estudio proviene del latín *studium* con el significado de empeño, aplicación, celo, cuidado, desvelo.

---

53. Las aportaciones a ese Seminario se publicaron en Jorge Larrosa, Karen Christine Rechia y Carol Jaques Cubas (eds.), *Elogio del profesor*. Buenos Aires. Miño y Dávila editores, 2020.

54. Buenos Aires. Miño y Dávila editores, 2017.

En el aprender, el acento está colocado en el sujeto que aprende, sus inquietudes, deseos y propósitos, mientras que en el estudio el acento está colocado en la materia a ser estudiada. Se aprende una lengua para viajar, para emprender un negocio, para comunicar una idea; se estudia una lengua por un encantamiento que está más allá de cualquier utilidad. La palabra aprender expresa el deseo de tomar algo del mundo, mientras que el término estudio señala, sobre todo, el deseo de colocarse en relación a algo, cuidarlo y prestarle atención. En ese sentido, podría decirse que el estudioso no se sirve de aquello que estudia, sino que, por el contrario, se desvive por ello, le dedica su vida.

Creemos que una consideración de la idea de estudio, de sus formas, sus presupuestos, sus condiciones y sentidos, podría revelarnos algo acerca de nuestras actuales instituciones educativas y permitirnos pensar su naturaleza específica y el modo en que las habitamos cotidianamente.

Esa conversación comenzada en Rio y continuada en Juiz de Fora siguió en un monográfico titulado «Estudiar: investigaciones pedagógicas sobre su valor educativo» que Fernando Bárcena coordinó para un número de la *Teoría de la Educación. Revista Interuniversitaria*[55]. El monográfico fue una clarificación del estudio desde distintas perspectivas pero, sobre todo, quiso ser una vindicación del estudio en el marco de una crítica a lo que nosotros estamos llamando la *learnification* de la educación, es decir, a la sustitución del discurso de la educación por el discurso del aprendizaje entendido de un modo cognitivo. Desde ese punto de vista, el monográfico pretendió abrir un camino para pensar el estudio como una interrupción, o una suspensión, del tipo de escuela que es funcional a la así llamada «sociedad de la información», «del conocimiento» o «del aprendizaje», a lo que nosotros llamamos «capitalismo cognitivo».

---

55. Vol. 31. Nº 2. Julio-diciembre 2019. Disponible en: <http://revistas.usal.es/ index.php/1130-3743/index>.

De hecho, los textos que componen este libro provienen, convenientemente revisados y ampliados, tanto del seminario de Juiz de Fora como del monográfico de la revista española.

Cuando se publicó el monográfico de la RITE, Jan Masschelein acababa de organizar en la universidad de Leuven (Bélgica) una conferencia internacional sobre educación superior que se tituló *Reclamando prácticas de estudio*. La convocatoria de la conferencia decía, entre otras cosas, lo siguiente:

> En lugar de pensar las funciones de la universidad, su estructura organizacional o sus contextos sociales, económicos o políticos, queremos centrarnos en las prácticas de estudio que definen la vida tanto de los profesores como de los estudiantes (cursos, seminarios de lectura y escritura, conferencias, talleres, trabajos de campo, etc.) para pensar en su estado presente y en sus posibles modalidades futuras. Nuestro primer objetivo es comprender cómo estas prácticas de estudio han sido ocupadas por diferentes poderes que se han apropiado de sus espacios, sus tiempos, sus procedimientos y sus materialidades. Nuestro segundo objetivo es pensar cómo podríamos reclamar de nuevo esas prácticas de estudio, protegiéndolas, defendiéndolas, liberándolas o reinventándolas.

De lo que se trataba era de cómo volver a ser estudiosos y estudiantes cuando los espacios, los tiempos, los procedimientos y las materialidades del estudio nos han sido ya, en gran parte, arrebatados o, en otras palabras, cómo reclamar lo que algún día fue nuestro.

Y casi al mismo tiempo, yo mismo organicé en Barcelona, en el Museo de Arte Contemporáneo, unas Jornadas tituladas *De estudiosos y estudiantes*[56] cuya llamada decía así:

> Hace tiempo que venimos dándole vueltas a eso del estudio: a su significado, a su historia, a su centralidad como concepto pedagógico (y filosófico), a su potencia para separar la escuela (y la universidad) de su subordinación a las nuevas

---

56. Las intervenciones en esas Jornadas podrán encontrarse en Jorge Larrosa y Marta Venceslao (eds.), *De estudiosos y estudiantes*. Barcelona: Ediciones de la Universidad de Barcelona, 2020.

formas económicas y bio-políticas del capitalismo cogniti-vo, ese que hace del aprender (y del aprender a aprender) su principal fuerza productiva. Ya sabéis que en las revueltas estudiantiles europeas contra Bolonia uno de los lemas era «somos estudiantes y no capital humano» o «somos estu-diantes y no mercancías en manos de políticos y banqueros». Y tal vez la definición de los profesores como estudiosos y como iniciadores al estudio (y no sólo como productores de conocimiento útil y mercantilizable) pueda ayudarnos a combatir su progresiva precarización e instrumentalización.

Para seguir dándole vueltas a todo eso y, sobre todo, para conversarlo pública y amistosamente, estamos organizando unas jornadas cuya pretensión no es otra que suscitar y com-partir palabras, ideas y perplejidades a propósito de asuntos tales como la idea del estudio, la vida estudiosa, la lectura estudiosa, el estudio y el pensamiento, las condiciones mate-riales y sociales del estudio, las artes o los procedimientos del estudio, la iniciación al estudio, la vida estudiantil, los espacios y los tiempos del estudio, el carácter público del estudio, la obsolescencia del estudio, las dificultades del estudio en una sociedad (en una escuela y en una universidad) del aprendi-zaje, etc. Se trata, en definitiva, de explorar la fuerza de una vieja palabra para probar si puede sernos de alguna ayuda tan-to para la crítica de las instituciones educativas del presente como para la invención y el sostenimiento de formas otras de relacionarse con el decir, con el saber y con el pensar.

Terminaré con Gadamer, con eso de que «llevarse una pa-labra a la boca no es utilizar un instrumento sino ponerse en el camino que ella abre». He señalado algunos de los caminos que esa palabra ha abierto y está abriendo para mí, para noso-tros, para un *nosotros* que aquí se encarna en este libro. Pero si publicarlo tiene algún sentido es porque lo que de verdad nos gustaría es que los improbables lectores (o lectoras: o sea tú) se sintiesen convocados a entrar en la conversación y, por tanto, en el camino. ¿Seguimos?

L'Hospitalet de Llobregat, diciembre de 2019.